スポーツの未来を考える ❸

スポーツの可能性とインテグリティ
高潔なスポーツによる豊かな社会を目指して

SPORTS

EY新日本有限責任監査法人 編

同文舘出版

はじめに

　今やスポーツは単なる娯楽やレクリエーションではなく，社会が豊かになるための重要な構成要素の1つとなっています。わが国では政府が成長戦略のなかにスポーツ産業を掲げ，スポーツ庁が中心となって新しいスポーツのあり方を追求しています。スポーツはこれからますます進化と発展を続け，私たちの生活により豊かな彩りを加えてくれることでしょう。

　こうした気運の高まりの一方で，スポーツにまつわる不祥事が後を絶ちません。わが国のスポーツの発展はスポーツ関係者の自主的な取り組みに負うところが大きく，その過程でスポーツ界ごとに独自の価値観，考え方，しきたりを構築してきました。しかし，スポーツの社会的な存在価値が高まりつつある現在においては，これまでのような自主性を前提としたスポーツのあり方を見つめ直す必要があります。私たちはこれからさらに豊かな社会を目指すためにスポーツとどのように付き合えばいいのかを改めて考察し，新しい時代に向けた礎を築く変化のときにいるのです。

　近代スポーツがわが国にやってきたのは明治時代ですが，その後，大正，昭和，平成と激動の時代を生きてきた私たちは，変化のスケールとスピードに圧倒され，私たちの社会にとってスポーツとは何かという重要な議論を十分にしてこなかったのかもしれません。次の時代のスポーツをどのようなものにしたいのかをより主体的に思い描き，自発的に未来の姿を創造したとき，私たちは本当の意味で次のステージに立てるのではないでしょうか。

　本書では，時代のターニングポイントを迎えている今だからこそ「ス

ポーツとは何か」「スポーツのパワーの源は何か」という根源的な考察から始め，次に，スポーツが持つ可能性の素晴らしさを共有します。そして，それらを社会的な資源の観点から整理します。最後に，今後のスポーツにとってますます重要となる「スポーツ・インテグリティ」についての議論を紹介します。

　本書の特徴として，第Ⅱ部および第Ⅲ部において，さまざまなフィールドとバックグラウンドを持った識者による対談，座談会を通じて考察を進めていることが挙げられます。本書が取り扱うテーマは時に抽象的になりがちですが，識者たちの熱い言葉は読者の皆さまの心により具体的に響くことでしょう。

　本書が新しい時代に相応しい「スポーツの文化」の礎となり，その先にある真の豊かな社会の構築に貢献できることを願っています。

　平成 30 年 11 月

執筆者一同

目次

第Ⅰ部　スポーツの起源を考える

1　スポーツという言葉の語源 …………………………………………… 3
2　高まるスポーツの社会性 ……………………………………………… 5
3　スポーツが持つパワーの根源 ………………………………………… 11
4　スポーツ・インテグリティ …………………………………………… 13

第Ⅱ部　スポーツの可能性を考える

対談を読むにあたって …………………………………………………… 19

対談1　伊藤華英氏 × マクドナルド山本恵理氏

「スポーツを通じた人間形成」…………………………………………… 21

　　1　スポーツとアイデンティティ　22
　　2　スポーツをもっと身近に　25
　　3　スポーツを個性的に楽しむ　27
　　4　スポーツを通して誰もが成長する社会へ　31

対談2　大渕　隆氏 × 為末　大氏

「アスリートの成長とその環境」………………………………………… 33

　　1　アスリートの成功する要素　34
　　2　指導者が与える影響　36
　　3　突き詰めるということと，開いているということ　38
　　4　感性を大切にする教育　43
　　5　スポーツが生み出すもの　46

対談3 東明有美氏 × 工藤陽子氏

「アスリートの社会的活用」 ……………………………………………… 51

　1 スポーツを通じて考える日本の価値観　52
　2 スポーツが持つ社会への影響力　55
　3 社会的資源としてのアスリート　57
　4 チームビルディング／リーダーシップ　61
　5 アスリートの社会的地位の向上　65

対談4 山口　香氏 × マクリシュ・ヘザー氏

「スポーツの変革力」 ……………………………………………………… 67

　1 スポーツを通じた意識改革　68
　2 スポーツがもたらす社会のブレイクスルー　72
　3 スポーツとビジネスの関係　74
　4 2020年に向けて　78
　5 アスリートへの適切な指導アプローチ　81
　6 スポーツから社会へ　88

対談5 大河正明氏 × 黒石匡昭氏

「スポーツと地域貢献」 …………………………………………………… 91

　1 地域とプロスポーツの関わり　92
　2 スポーツ施設を通じて地域を活性化させる　95
　3 スポーツ・アクティベーション　99
　4 スポーツとインテグリティの関係　103

目 次

第Ⅲ部　社会的資源としてのスポーツを考える

- 1　スポーツのレガシー ··· 109
  - 1. スポーツがもたらす人材育成【ヒト①】　111
  - 2. 社会的資源としてのアスリート【ヒト②】　114
  - 3. スポーツ施設（スタジアム・アリーナ）【モノ】　119
  - 4. スポーツビジネス【カネ】　121
  - 5. その他のスポーツのレガシー　124
- 2　豊かなスポーツ文化のための5つの視点 ························· 126

第Ⅳ部　スポーツ・インテグリティを考える

- スポーツ・コンプライアンス評価指標の開発 ························· 131
- 座談会 「スポーツ・インテグリティ」 ································· 139
  - *1* インテグリティに関する課題認識と指標開発　140
  - *2* スポーツ・インテグリティと不正のトライアングル　145
  - *3* インテグリティという倫理の重要性　150
  - *4* スポーツの未来に向けて　154
- スポーツ・インテグリティの重要性 ·································· 157

第 I 部

スポーツの起源を考える

1 スポーツという言葉の語源

　従来スポーツは余暇での活動，娯楽，レクリエーションとして考えられていました。それはスポーツ（Sports）という言葉の起源からもわかります。スポーツという言葉の起源はラテン語の deportare に辿りつきます。De（離れる）＋ Portare（運ぶ）という意味から，「日々の生活から離れる」となり，「気晴らしをする」「楽しむ」という意味を持つようになりました。中世フランス語では desport，その後英語では disport となり sport と短縮されました。当初は，「気晴らし，骨休め，娯楽，休養」という広い意味で使用されていましたが，屋内でのゲームや屋外での身体活動を伴う気晴らしを指すようになりました。さらに狩猟や野外活動の意味合いを強め，最終的には競い合うことを楽しむという競技の性格を含むようになり，今の私たちがスポーツという言葉に対して持つ一般的なイメージに至っています。

　わが国では明治・大正時代に，軍隊や学校を窓口として欧米諸国からさまざまな競技（サッカー，バスケットボール，野球，テニス，スキーなど）を輸入した際に，スポーツという言葉が取り込まれました。スポーツという概念に日本古来のもの（相撲，柔道，剣道など）を含めるようになったのは戦後のことだといわれています。日本古来のスポーツは，祭事や鍛錬を起源にしています。したがって，私たちが普段スポーツと呼んでいるものには，気晴らしを起源とした外来の近代スポーツと，日本古来のスポーツという異なる起源を持つものを包括していることに

なります。

　さらにスポーツという言葉の意味は広がります。今や私たちの頭のなかでは，競技性を持った身体運動・野外活動はすべてスポーツであると認識していると言っても過言ではありません。たとえば，古代ギリシャで神ゼウスのための祭典として行われていた競技会（いわゆる古代オリンピック）もスポーツの概念に取り込まれています。中世ヨーロッパでの貴族や騎士の教育のために行われていたもの（乗馬や剣術，ダンスなどの宮廷作法）さえも今ではスポーツにしています。当時それらを実際に行っていた人たちは真剣そのもので，それを「気晴らし」や「娯楽」などと思っていた人などいなかったことでしょう。

　このように，近年私たちが一言でスポーツと呼んでいるものは，さまざまな歴史と背景が混在した曖昧な集合体です。しかし，近代のスポーツのあり方の特徴として１つ明確にいえることは，その語源のとおり，スポーツは日々の生活から切り離された（"deportare" した）娯楽の対象であるという点です。その背景には，現代の私たちが無意識に持っている価値観があります。私たちは，産業革命以降の近代化が進むにつれて，生活を大きく２つに分けました。１つは生きるためのいわば義務としての労働という概念です。そして，労働が生活の大部分を占めるようになったとき，生きることを楽しむために生み出されたものが娯楽というもう１つの概念です。ワークアンドライフバランスという言葉をよく耳にするようになりましたが，日常と非日常，オンとオフというように，近代に生きる私たちは無意識のうちに生活を２つに分けて捉えています。そんな私たちが楽しく生きるためには生活のなかに娯楽の要素が必要であり，その筆頭格にスポーツがあるといえるのです。

2 高まるスポーツの社会性

　しかし，現代においてスポーツを単なる個人の娯楽と考えることはスポーツの価値を見誤ることになりかねません。たとえば，幼い頃スポーツを通じて友人や家族とのコミュニケーションを深めた経験がある方は多いでしょう。あるいはプロスポーツ選手という夢を追うことを生きがいにしていた方もいるかもしれません。スポーツを通じて努力や挫折を克服することを学んだ方もいるでしょう。健康維持のための手段として積極的に取り組んでいる方も多いでしょう。

　さらに周囲を見渡してみれば，社会的な課題の解決や企業や自治体などの発展のための施策にスポーツが活用されていることに気づきます。たとえば，義務教育では青少年の健康や協調性を伸ばすよう体育という科目が授業の1つに組み込まれており，教育に大きな役割を果たしています。スポーツ政策の国の主管は教育と同じ文部科学省であり，各都道府県での主管部局の大半は教育委員会であることからもそれはわかります（図表1-1）。

　さらに，近年では健康寿命の延長や医療問題の解決のためにスポーツを積極的に活用しようという動きも強まっており，地方自治体や民間企業，大学等の機関によってさまざまな研究や取り組みが行われています。文部科学省では運動不足による過剰医療費割合を7.7％と仮定し，運動不足を解消することで平成25年度からの7年間累計で27兆円近くの医療費が抑制できるという試算を示しています。

また，日本の「運動会」を発展途上国に輸出し国際貢献を行う団体もあります。さらには，スポーツを町おこしの1つの施策に用いることもあります。1964年東京，1972年札幌などのようにオリンピックの開催が国策として行われることもあります。現在2020年の東京オリンピック・パラリンピックの開催決定が与える社会的な影響力を体感している私たちは，スポーツが単なる娯楽ではないことをより理解しやすいと思われます。

　こうしたスポーツの社会性の高まりをさらに後押しするように，政府はスポーツ立国を目指してさまざまな取り組みを進めています。2011年8月に従来のスポーツ振興法に替えてスポーツ基本法を施行させ，新しいスポーツのあり方を定めました。2015年10月にはスポーツに関する

図表1-1　都道府県のスポーツ政策の主管部局

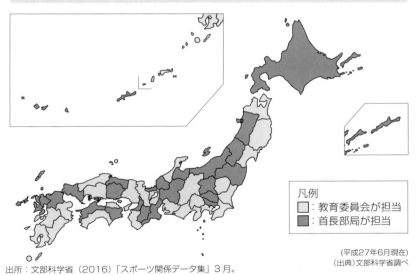

○都道府県でのスポーツ政策の主管部局は「知事部局」が48.9％，「教育委員会」が51.1％である

凡例
□：教育委員会が担当
■：首長部局が担当

(平成27年6月現在)
(出典)文部科学省調べ

出所：文部科学省（2016）「スポーツ関係データ集」3月。

2 高まるスポーツの社会性

施策を総合的に取り組む「スポーツ庁」が発足し、「スポーツの振興」「子どもの体力向上」「障害者スポーツ」「競技スポーツ」の政策を横断的に取り組むことになりました。スポーツ庁を中核にし、スポーツを通じた健康増進や国際交流、スポーツ産業を国の成長産業とするための施設の収益性向上や観光などの他産業との連携、スポーツ経営人材の育成等の推進に取り組むことを掲げています。こうした動きを受けて各都道府県も連動して積極的にスポーツ政策に取り組み始めており、約8割の都道府県がすでにスポーツ基本法に基づく地方スポーツ推進計画を策定しています（図表1−2）。

図表1−2　道府県のスポーツ推進計画の根拠

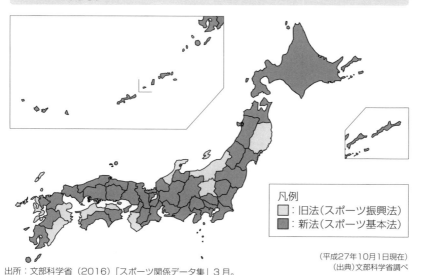

○都道府県のうち、スポーツ基本法に基づく地方スポーツ推進計画を策定している割合は78.7％。スポーツ振興法に基づくスポーツ振興計画を策定している割合は21.3％である。

凡例
□：旧法（スポーツ振興法）
■：新法（スポーツ基本法）

（平成27年10月1日現在）
（出典）文部科学省調べ

出所：文部科学省（2016）「スポーツ関係データ集」3月。

図表1-3　総合型地域スポーツクラブの設立効果

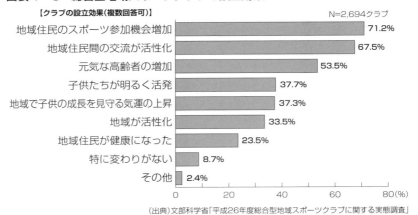

出所：文部科学省（2016）「スポーツ関係データ集」3月。

　また，近年全国で総合型地域スポーツクラブの創設が増加していますが，人々の幸福感に与えるポジティブな影響が効果として期待されています（図表1-3）。

　さらにスポーツはビジネス界にも広がっています。スポーツが生活に浸透するほど，ビジネスチャンスは拡大し，現在では多数の企業がスポーツビジネスに参入しています。わが国でスポーツが産業として認知され始めたのは1980年代後半と比較的最近のことですが，欧米ではわが国に先んじてスポーツをビジネスの対象としていました。特にアメリカは早くからベースボール，アメリカンフットボール，バスケットボール，アイスホッケーといったプロリーグが，地域に密接に結びついて発展し，文化の一部として根づいていました。そのためアメリカは試合の興行やスポーツ用品の製造・販売だけでなく，代理人ビジネス，コンサルティングなど大小さまざまな周辺ビジネスを発展させたパイオニアとなります。

2 高まるスポーツの社会性

　欧米でスポーツのビジネス化が加速したのは1980年代前半ですが，そのきっかけは1984年にアメリカで開催されたロサンゼルス・オリンピックにあるといわれています。それまで国家的イベントとして行われていたオリンピックでしたが，ロサンゼルス・オリンピックでは放映権や商標権による権利ビジネスという発想が初めて導入されました。これを契機にスポーツ界における権利ビジネスが急速に発展し，メディアの発達も伴って放映権等の権利価格が高騰すると，多額の資金がスポーツに流れ込むようになりました。今では選手の移籍に数十億円という金額が動くことも珍しくありません。

　わが国では，1994年に日本プロサッカーリーグ（Ｊリーグ）がスタートし，プロスポーツの概念の転機を迎えます。それまでも，プロ野球，プロゴルフといったプロスポーツがありましたが，企業の広告宣伝としての意味合いが強く，いわばコストセンターとみなされてきました。しかし，以降はそれ自体で収益をもたらすプロフィットセンターとして自立を目指すことになります。さらに，その後誕生したバスケットボールのＢリーグも同様ですが，地域密着型を目指すモデルも推進されます。ここに，ビジネス，町おこし，社会貢献，人間教育など，スポーツが持つさまざまな側面が集約された１つの例が生まれたといえるでしょう。今やスポーツビジネスは私たちの生活のほぼすべての領域をカバーしているまでになっているのです（図表１-４）。

　このように，今やスポーツは私たちの生活に深く関係しており，豊かな社会を支える基盤（インフラ）の１つなのです。

第Ⅰ部　スポーツの起源を考える

図表1-4 スポーツビジネスの領域

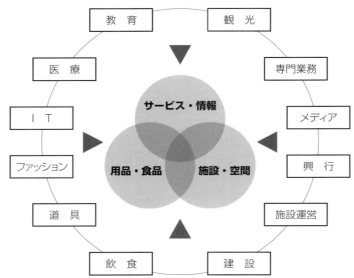

出所:原田宗彦編著(2015)『スポーツ産業論(第6版)』(杏林書院)をもとに筆者作成。

3
スポーツが持つパワーの根源

　近年飛躍的にその社会的な存在価値を高めているスポーツですが，そのパワーの源はどこにあるのでしょうか。その答えはその語源が示すとおり，スポーツが娯楽の筆頭格であることが挙げられます。前述のとおり，娯楽は生きるための義務と対となるものであり，私たちが生きる楽しさや喜びを全身で甘受する瞬間です。だからこそ，私たちの生きるための能動的なエネルギーが集約されるのです。また，その根本にはスポーツが持つ潔さ，純粋さ，美しさがあると考えられます。スポーツには人間が持つ本能的な姿が凝縮されています。人類という種族が繁栄するためには，衣食住を確保するために身体を使うこと，競争を通じて強靱さを得ること，社会の所属員と協調すること，足りないところを工夫し補うことなどが求められ，私たちはそうしたことを本能的に美徳としています。スポーツにはそれらを純粋に突き詰めた姿があるのです。

　さらにわが国では特有の歴史も後押しします。わが国の伝統スポーツ（相撲や蹴鞠，騎射競技など）の多くは神聖な祭事を起源に置くところが多く，それを脈々と受け継いできた歴史と文化があります。また，明治時代以降に欧米諸国から輸入された近代スポーツも，わが国での普及は主に高等教育機関で行われた課外活動が中心となって進められました。その後，スポーツが国民の精神充実や体力向上に寄与すると認められると，国家全体での組織的な環境整備が進められ，昭和時代には，一時的には戦時下の影響を受けて軍事力の充実に向けた体力向上の手段として

利用される一面もありましたが，戦後は敗戦によって困窮した国民に勇気と希望を与える役割を負うことになります。その後スポーツは「体育」として教育に根強く関連し，健全な身体と精神を学ぶ重要な手段と考えられてきました。

　このようにわが国ではスポーツに高い精神性が求められる土壌があります。だからこそ私たちは国や地元を代表して活躍する選手やチームに愛国心や郷土愛を重ね，ルールを守り正々堂々と競い合うスポーツマンシップに感動し，日々ストイックに鍛錬を重ねる選手の姿に感銘を受け，自らの生活の原動力にしているのでしょう。

　すでに私たちは，スポーツは素晴らしいもの，楽しむものという価値観を共有しています。上記のような複雑な背景等を考察するまでもなく，この価値観が私たちに容易に浸透したのは，スポーツが私たちの本能的な感性に合致しているからだと考えられます。

　一方で，こうした背景があるからこそ，私たちはスポーツを汚すような行為を嫌います。上述したとおり，スポーツには私たちの生きる喜びや人間の本能的な美徳が集約されています。そのため，それを無視するような行為は人間の尊厳に対する冒瀆になりかねないのです。しかし，近年ではこれに反する行為があることも事実です。ドーピング，違法賭博や違法薬物，八百長，暴力，各種ハラスメント，観客のマナー，人種差別問題，スポーツ団体の脆弱なガバナンスなど，さまざまな問題がスポーツの世界で発生しています。これを放置することは，スポーツのパワーの根源そのものを否定することを意味します。だからこそ私たちはこのような人間の尊厳に対する冒瀆的行為からスポーツを守らなければならないのです。

4
スポーツ・インテグリティ

　ここで「スポーツ・インテグリティ」という言葉を紹介します。「インテグリティ」とは，高潔さ・品位・完全な状態，を意味する言葉であり，スポーツにおける「インテグリティ」とは，「スポーツがさまざまな脅威により欠けることなく，価値ある高潔な状態」を指します。スポーツ・インテグリティの確保は国際的な課題となっており，国際オリンピック委員会や国際競技連盟という世界レベルから各地域や各国レベルまで広く議論が行われています。日本でも意識が高まっており，たとえばスポーツ庁のスポーツ審議会においてスポーツ・インテグリティの保護に向けた取り組みを一層充実・強化する必要性があるとの認識が示されています。日本スポーツ振興センター（以下，「JSC」）は，2014年に「スポーツ・インテグリティ・ユニット」を設置し，スポーツ・インテグリティを脅かす要因として，ガバナンスの欠如，贈収賄，人種差別，ハラスメント，ドーピング，八百長，不正操作などの具体例を挙げて対策に取り組んでいます。そうしたことが起きなければインテグリティが確保されている状態といえるでしょう。

　スポーツ・インテグリティが確保されていれば，私たちの社会は安心してより多くの資源をスポーツに投資することができます。国や地方公共団体の税金や補助金，企業のスポンサーシップやアクティベーションのための投資は，投資先のスポーツ界において適切に管理され，効果的に活用されることを期待して実施されるものです。言い換えれば，ス

ポーツ・インテグリティはスポーツの世界と私たちの社会をつなぐ大切な役割を担っており，社会や企業がスポーツに投資し，スポーツが発展して社会の発展に貢献し，またスポーツに投資されるという好循環を生み出す根幹を成すものなのです。

　ここで1つ留意すべきことがあります。かつて経済界に「コンプライアンス」という言葉が入ってきた際に狭義に「法令遵守」と訳されましたが，今ではコンプライアンスという概念は法律違反を犯さないだけでなく，その会社の内部規則や，社会が求める倫理規範や道徳規範などにも反しないという広義なものであることは周知の事実です。それと同様にスポーツ・インテグリティも上記の具体例のような明らかな悪事さえなければいいということではありません。法律や明文化されたルールはもちろんのこと，スポーツマンシップという言葉もありますが，スポーツの価値を陥れるようなすべてのことはしないという概念だと理解すべきです。

　スポーツ・インテグリティは理念であり抽象的なため，時に蔑ろにされてしまうかもしれません。しかし，スポーツが新しい時代を迎えようとしている今だからこそ，その重要性を認識し，時間をかけて議論を深めていく必要があります。

　近代は，手段が目的を追い抜かしてしまった時代ともいえます。かつては，社会として成し遂げたい目的があり，人はそれを叶えるためにまだ見ぬ手段を模索し開発し実現してきました。すなわち，何を成すべきか，どうありたいかという目的が先にあり，それを実現するための手段が後から見出されてきたのです。ところが，近代の技術の進歩は目覚ましく，私たちの想像を超えた進化を続けています。その結果，何をしたいのか，幸福のために何を叶えたいのかという目的をよく整理する前に，あれもできる，こんなこともできると，次々と新しい手段が誕生してい

ます。いわば手段の氾濫状態です。

　これをスポーツに当てはめると，たとえば，道具を進化させれば記録は伸びるでしょう。バーチャル・リアリティーの技術はこれまでにない新しい競技を誕生させるかもしれませんし，AIが人間の能力を超えることで起きる事象（シンギュラリティ）はスポーツの世界でも増えてくるでしょう。脳医学や遺伝子技術の発展の影響がスポーツ界にも及ぶこともそう遠くない未来かもしれません。そうした変化を迎えるとき，私たちはスポーツのあるべき姿を問われます。そのとき確かな道標となるのがスポーツ・インテグリティです。

　社会がスポーツ・インテグリティを保持するために必要なことは主に以下の2点と考えられます。第1に，不正行為はスポーツの価値の根源を損ない，豊かな社会の実現の妨げになりかねないという共通認識を社会全体で持つことです。第2に，こうした価値観を維持し，実践するために，社会的な仕組みを整備することが求められます。具体的には，(1) スポーツ・インテグリティを保護する行為・汚す行為の明確化，(2) スポーツ・インテグリティに関する教育体制，(3) スポーツ・インテグリティを汚す行為の発見・防止する組織体制，(4) スポーツ・インテグリティを汚す行為を公正に判断し裁く体制，などが考えられます。その取り組みは始まったばかりです。

　さて，ここで最後にわが国のスポーツ基本法（平成23年法律第78号）の前文を紹介します。こちらにはスポーツ・インテグリティという言葉は使われていませんが，スポーツの本質を忠実に表現しており，私たちにスポーツ・インテグリティの重要性を改めて自覚させてくれます。第Ⅱ部では，これらのエッセンスを体現してきたアスリートやスポーツ関係者の対談を通じて，スポーツが持つ可能性について考察を深めていきましょう（図表1-5）。

図表1-5　スポーツ基本法　前文

> スポーツは，世界共通の人類の文化である。
> 　スポーツは，心身の健全な発達，健康及び体力の保持増進，精神的な充足感の獲得，自律心その他の精神の涵（かん）養等のために個人又は集団で行われる運動競技その他の身体活動であり，今日，国民が生涯にわたり心身ともに健康で文化的な生活を営む上で不可欠のものとなっている。スポーツを通じて幸福で豊かな生活を営むことは，全ての人々の権利であり，全ての国民がその自発性の下に，各々の関心，適性等に応じて，安全かつ公正な環境の下で日常的にスポーツに親しみ，スポーツを楽しみ，又はスポーツを支える活動に参画することのできる機会が確保されなければならない。
> 　スポーツは，次代を担う青少年の体力を向上させるとともに，他者を尊重しこれと協同する精神，公正さと規律を尊ぶ態度や克己心を培い，実践的な思考力や判断力を育む等人格の形成に大きな影響を及ぼすものである。
> 　また，スポーツは，人と人との交流及び地域と地域との交流を促進し，地域の一体感や活力を醸成するものであり，人間関係の希薄化等の問題を抱える地域社会の再生に寄与するものである。さらに，スポーツは，心身の健康の保持増進にも重要な役割を果たすものであり，健康で活力に満ちた長寿社会の実現に不可欠である。
> 　スポーツ選手の不断の努力は，人間の可能性の極限を追求する有意義な営みであり，こうした努力に基づく国際競技大会における日本人選手の活躍は，国民に誇りと喜び，夢と感動を与え，国民のスポーツへの関心を高めるものである。これらを通じて，スポーツは，我が国社会に活力を生み出し，国民経済の発展に広く寄与するものである。また，スポーツの国際的な交流や貢献が，国際相互理解を促進し，国際平和に大きく貢献するなど，スポーツは，我が国の国際的地位の向上にも極めて重要な役割を果たすものである。
> 　そして，地域におけるスポーツを推進する中から優れたスポーツ選手が育まれ，そのスポーツ選手が地域におけるスポーツの推進に寄与することは，スポーツに係る多様な主体の連携と協働による我が国のスポーツの発展を支える好循環をもたらすものである。
> 　このような国民生活における多面にわたるスポーツの果たす役割の重要性に鑑み，スポーツ立国を実現することは，二十一世紀の我が国の発展のために不可欠な重要課題である。
> 　ここに，スポーツ立国の実現を目指し，国家戦略として，スポーツに関する施策を総合的かつ計画的に推進するため，この法律を制定する。

出所：スポーツ基本法（平成23年法律第78号）前文を記載。

■参考文献

今道友信（1990）『エコエティカ』講談社学術文庫。
三木清（2017）『人生論ノート　他二篇』角川ソフィア文庫。
新日本有限責任監査法人編（2016）『最新スポーツビジネスの基礎―スポーツ産業の健全な発展を目指して―』同文舘出版。
原田宗彦編著（2015）『スポーツ産業論（第6版）』杏林書院。
JAPAN SPORT COUCIL（日本スポーツ振興センター）ホームページ
スポーツ庁ホームページ
文部科学省ホームページ

第II部

スポーツの可能性を考える

対談を読むにあたって

　第Ⅱ部では，実際にスポーツを通じてさまざまな領域で活躍する識者の対談を5つ紹介します。普段は異なる分野で活躍されている対談者によるコラボレーションは，スポーツの可能性への期待と熱い想いという共通点のもと，非常に興味深いものとなりました。
　「対談その1　スポーツを通じた人間形成」では，スポーツは誰にとってもより身近で楽しめるもので，自信や自立心の形成を促すなど，人々の成長に広い範囲で可能性を与えられる存在であることについて語られます。「みんなでスポーツをすればいい」という言葉には深い想いが込められています。
　次に「対談その2　アスリートの成長とその環境」では，トップアスリートの視点を介しながら，自ら考えることの強さや，それを促す社会の価値観や教育のあり方，スポーツの本質，スポーツの人材を生み出す可能性など，多方面にわたるテーマについて，魅力的な言葉で語られています。
　また，「対談その3　アスリートの社会的活用」では，スポーツから明らかにされる私たちの社会の特徴，スポーツが社会に及ぼす影響力，アスリートの社会的な存在意義や可能性などが取り上げられています。スポーツで培ったものをいかにアスリートは社会で活かすか，社会はアスリートを活かすことができるのかという目の前にある課題について，正面から向き合った対談となりました。

さらに「対談その4　スポーツの変革力」では，グローバルな視点も含めてスポーツが社会の価値観やあり方そのものを変えるきっかけとなる力を持つこと，ビジネスやコミュニティという社会とスポーツとの関係，オリンピック・パラリンピックの社会的な位置づけや指導者の重要性など，鋭い視点から対話が行われました。

　最後に「対談その5　スポーツと地域貢献」では，スポーツが地域社会に精神的にも経済的にも貢献できるということを事例も交えて語られています。さらにはスポーツ・アクティベーションやアリーナなどのスポーツ施設を地域の活性化に活かす官民の取り組みなど，これからのスポーツ運営の姿が見えてきます。

　トップアスリートとしての経験や引退後の多様な経験，もしくはスポーツの現場に長年関与されている実績に基づく言葉からは，説得力とリアルな臨場感が伝わってきます。

対談 1　伊藤華英氏 × マクドナルド山本恵理氏
「スポーツを通じた人間形成」

左から，伊藤華英氏，マクドナルド山本恵理氏

対 談 者

伊藤華英氏
　元水泳選手。北京オリンピック，ロンドンオリンピック日本代表，世界水泳選手権日本代表。日本大学卒業，早稲田大学大学院修士課程修了，順天堂大学大学院博士後期課程修了。現在，東京オリンピック・パラリンピック競技大会組織委員会職員，日本大学非常勤講師。

マクドナルド山本恵理氏
　パラ・パワーリフティング選手。元パラアイスホッケーカナダ女子代表。同志社大学，大阪体育大学大学院で心理学を学びカナダアルバータ大学院にも留学。現在，公益財団法人日本財団パラリンピックサポートセンター勤務。

＊以下，敬称略。

1 スポーツとアイデンティティ

伊藤：私たちには接点が多いですが，その1つが心理学ではないでしょうか。山本さんは大学では感情心理学を研究されていたと伺いました。

山本：もともとは臨床心理学に興味があって心理学の世界に入ったのですが，研究が面白くて結局日本とカナダの2つの大学院に行くことになりました。まずは笑いがメンタルに与える効果の研究をして，その後は障がい発生の先天性と後天性の違いがアスリートアイデンティティ（スポーツ競技者としての自己規定）に及ぼす影響について研究していました。実は，後天性の人の方が世の中に出る頻度も多いですし，アスリートアイデンティティが強く，パラリンピアンとして成功する率が高いことが知られています。

伊藤：私は当初アスリートアイデンティティがなかったように思います。小さい頃は競争意識もなくて，マイペースで，人に抜かされても全然悔しいという気持ちが沸かないような子でした。アスリートとしての精神的な強さは後から養っていきました。そうした経験もあって，引退後は，大学での研究を通じて競泳選手のメンタルタフネスという精神的な強さを測る尺度をつくりました。スポーツ心理学の研究は，現役時代のメンタルトレーナーの田中さん（田中ウルヴェ京氏）との対話がきっかけで自然な感じで始めていました。山本さんもかつては水泳でパラリンピックを目指していたそうですが，水泳はいつから始めたのでしょうか。

山本：9歳で始めましたが，もともと水が苦手でシャワーも浴びることができないくらいでしたから，水泳は人生で1番やらないと思っていたスポーツでした。親の勧めで始めることになりましたが，初めは随分と泣きました。それでも始まりは遅かったかもしれませんが，だんだんと水

対談 1
「スポーツを通じた人間形成」

泳でパラリンピックを目指したいと思うようになりました。私には水泳を始めるまで自信になるものがありませんでしたので，友達に助けられることがあっても「ありがとう」と言うことさえできない内気な子だったのですが，水泳によって自分のアイデンティティとなるものができて自信が持てるようになりました。健常者より速く泳げたことが自信にもなりましたし，何でも自分で行動して対応するようになりました。私のアイデンティティは水泳を通じて確立されたと思います。

伊藤：その感覚はわかるかもしれません。私は生まれたときから喘息だったので，身体が弱くて水泳を始めました。毎日小児科に行って吸引をしている感じで，生後6ヶ月からベビースイミングに入りました。生まれ変わったらスポーツ推薦ではなく，普通に受験して普通に就職したいと思うくらい，練習はきつかったです。それでも水泳に終始する自分というものを自分としていつの間にか受け入れていました。

山本：そうですよね。私も練習では健常者と一緒でしたが，とても辛かったけれどとても楽しかったです。種目はバック（背泳ぎ）でしたが，私は足が沈むのでそれをどうやって上げるのか格闘していました。

伊藤：そこがパラリンピック選手のすごいところです。1人ひとり，身体の状態も違うので，自分なりの答えを探してその人にあった最適な身体の動かし方で泳いでいるところが魅力だと思います。私たち以上に点に刺すような感覚を持っているのだと思います。

山本：そうやって努力してきたのに16歳のときに水泳を諦めざるを得なくなったときは辛かったです。私は腰の下の皮膚の感覚がないので，屋外プールの熱いコンクリートの上に座ったら太腿を火傷して，そのことに気づがずにそのままの状態で泳いで悪化させてしまいました。それがどんどん悪化して結局1年くらい入院しました。パラリンピックを目指す1番大切な時期に1年間休んでしまったのは致命的でした。

第Ⅱ部　スポーツの可能性を考える

水泳をやめて心理学の勉強を始めてからは本当に勉強だけしかしていませんでした。水泳という自分を誇れるものがなくなってしまったので，失った自我を取り戻そうとしていたのかもしれません。心理学はとても奥が深くて大学院まで勉強しました。勉強がそれほどできるわけでもないのですが，無理にでも研究しようとしたのでそれはそれで辛い時期でしたね。

伊藤：心理学は多岐にわたっていますから研究の方向性を定めることが難しく，インパクトが強いテーマを選ばないといけないですよね。山本さんの笑いというテーマはどこから生まれたのでしょうか？

山本：怪我が原因で入院していたときに，足が動かなくてふさぎ込んでいる多くの方たちに出会いました。そんななか，たまたま話す機会があったときに私が冗談を言ったことで，その方たちと仲が良くなって，「あんたが来てからこんなに笑いが増えた。人生終わりだと思っていたけどだいぶ楽になった」と言ってもらったのです。それがきっかけで心理学に関心を持ちましたし，テーマを選ぶときも笑いを選びました。でも，根底には障がい者だからということがあって，障がい者でも他の人に負けない何かを1つ身につけたいという気持ちがあったのだとも思います。

伊藤：私もその点は似ていますね。水泳の世界ではオリンピアンやメダリストがたくさんいますので，もう1つ武器がほしいという思いがあって引退後はすぐに大学院を受験しました。私は，アスリートが一生輝いてほしいという希望があります。スポーツという産業の価値を高めるためには，アスリートが輝いている必要があります。アスリートの価値が上がってこそ，スポーツの価値も高まる。そう考えて大学院で学んでいます。勉強したことによって，素晴らしい人たちがいろいろなことを考えスポーツを支えていたということがわかり，謙虚さも身につきました。

　　　アスリートの経験からアスリートファーストの視点を基本に持ってい

対談 1
「スポーツを通じた人間形成」

ますが，アスリートやスポーツを支えている人たちの大切さというものもより深くわかるようになりました。私も無心で机に座って調べ物をしたりするのは好きですが，仕事とのかね合いもあって勉強は大変です。それでも2004年のアテネオリンピックに出場できなかったとき，自分に対して誠実に一生懸命でなかったことに気づきました。それ以来，水泳でも研究でもこれ以上恥ずかしい自分に会いたくないという気持ちがモチベーションになっています。

2 スポーツをもっと身近に

山本：研究するときも，取り組む姿勢はアスリートのままですね。

伊藤：そうかもしれません。自分に負けるのが嫌いなのです。そう思うと私のなかにスポーツは常にあります。一般の方の普段の暮らしのなかにもスポーツの要素は意外と身近にあるものなのでしょう。何かをできたという達成感は，スポーツでその素晴らしさを学ぶことができます。私はスポーツは言語でもあると思っています。海外の人も障がいを持っている人も一緒にできるスポーツがありますし，スポーツのルールのなかで誰もが通じ合えます。今の社会では合理性や効率性が求められることが多いですが，実は遠回りが必要なこともありますし，幸せや豊かさを考えたときに人とのコミュニケーションはとても大切なことです。そうした点からもスポーツは大きな役割を果たしていて，人との関係やつながり，絆というものを深めてくれます。

　日本ではスポーツというと部活動の印象や，トップアスリートの姿が思い浮かぶかもしれませんが，スポーツは誰もが楽しめるものですし，もっと広い範囲で可能性を与えられる存在なのではないかと思います。

第Ⅱ部　スポーツの可能性を考える

今大学で体育の授業をしているのですが，全身アトピーや心療内科に通っているなどの事情により運動できない学生もいます。そんな学生にもできる授業を考えています。

山本：確かにその人の個性に応じた体育があるといいですね。私は体育の授業にはあまり参加できなくて，座学の保健を頑張って成績をとったりしていました。だから体育の授業ではスポーツの魅力を体験するところまではできませんでした。

伊藤：スポーツをすることでより元気に活動できます。スポーツをするだけではなくて，スポーツを観たり，支えたりすることでもいいと思うのです。そうして誰もがスポーツを楽しむ文化ができると社会全体も明るくなると思います。

山本：本当はスポーツができるのにできない，ハードルが高いと思い込んでいる人もたくさんいると思います。私自身もそうでした。少しでも多くの人が自分も何かスポーツができるかもしれない，やってみたいと思ってくれたら素敵なことです。そこから人生が開けることだってあります。どう転ぶかわからないのです。

伊藤：オリンピック・パラリンピックも東京に来ますのでいろいろなスポーツに注目が集まっています。これからの2年間が勝負ですよね。それ以降はハード面は残ると思いますが，スポーツの価値という点ではソフト面も大事でしっかり残していかないといけないと思います。2016年のリオ大会では私も初めてパラリンピックを観に行きました。オリンピアンでも自分の競技が終わったら帰ってしまうことが多いのですが，パラリンピックはオリンピアンも含めて絶対に観た方がいいと思いました。パラリンピック会場の観客の雰囲気には感動しました。

山本：歓声が地鳴りしているような感じがしてすごかったですね。選手に対する人気や声援の熱がオリンピックと変わらないものがありました。

対談 1
「スポーツを通じた人間形成」

伊藤：オリンピック憲章では，極限を目指して超えていくのがオリンピアンだといわれています。自分の限界を超えてあの場所に立っているのはパラリンピアンも同じです。スポーツはみんなのためにあるものだと思います。誰もがスポーツがもっと身近に感じられるようになること，それがソフト面での大きなレガシーにつながると思います。

3 スポーツを個性的に楽しむ

伊藤：山本さんは今パワーリフティングでパラリンピックを目指していますが，いつから始められたのですか？

山本：水泳を止めて勉強している間はしばらくスポーツをしていませんでしたが，カナダの大学院でパラアイスホッケー（スレッジに乗って両手に持ったスティックで競技するアイスホッケー）に出会いました。パラアイスホッケーは男子のパラリンピック種目で，女子は競技人口がとても少なく，パラリンピック種目の最低基準を満たす 8 ヶ国の参加に届きません。

　私はカナダ代表に 2 年間入ることができたのですが，そのときに自分はアスリートだという意識を持ちました。水泳をしていた頃はあまりアスリートという意識は強くなくて，パラリンピックは目指していましたが，どちらかというと「障がい者で水泳をやっている人」という意識でした。しかしカナダでは違いました。たとえばリンクに行くときに「リンクは私たちの仕事場だから，ちゃんと正装で行きなさい」と言われました。試合前はスーツを着て会場に入ります。ファンに会うときは，「ロッカールームでシャワー浴びてから出て行きなさい」と言われます。そういう教育を受けることになって初めて自分はアスリートなのだと思

第Ⅱ部　スポーツの可能性を考える

い始めました。そのため日本にパラアイスホッケーとアスリートとしての意識を広めたいと思って帰ってきました。東京パラリンピックを目指すために帰ってきたわけではなく，スポーツを支える側になりたいと思っていましたので，日本財団パラリンピックサポートセンターに勤務しました。そのときは自分が再びパラリンピックを目指すアスリートになるとは思っていなかったのですが，パラスポーツの体験会でパワーリフティングに出会って面白さに目覚めてしまいました。パラアイスホッケーのおかげで，今はアスリートアイデンティティが高まっているという感覚があります。

伊藤：カナダのチームでは，プロチームではなくてもアスリートとして高い意識が求められる環境だったのだと思います。日本でもアスリートアイデンティティの指導は必要だと思いますか？

山本：パラリンピックでは特に必要だと思います。ファンを意識している選手は，見る人にどうやって面白さを伝えるかを真剣に考えていますし，高い意識があるからこそ強いです。カナダではトライアウトでリーダーシップも見られるし，周りとどれくらいコミュニケーションをとったかも見られます。コーチとのインタビューもありました。アスリートとして必要な素質を見られます。私はそんな経験がないのですごく緊張しましたが，アイデンティティがとても強い人ばかりです。そのなかで自分の強みを見極めて，それを伝えるために行動する力がついていきました。

伊藤：私たち日本人が足りないものですね。能動性，貪欲さ，意欲的な行動。スポーツだけではなくどんな現場でも自分の役割を探し出して行動できる人は強いと思います。

山本：パラアイスホッケーでは自分がゴールを決めなくてもチームのなかで自分のやるべきことができれば成功だという考え方を学びました。水泳では自分自身が少しでも早くゴールに辿りつくことが目標でしたので，

対談 1
「スポーツを通じた人間形成」

最初はその考え方に馴染むまですごく大変でした。逆にパワーリフティングは自分のベストを出した結果で順位が決まりますので，自分自身との闘いでもあります。その感覚は水泳に近いですし，そういうところが好きです。

伊藤：その人の個性に合う競技の特性はありますよね。私の場合，ひとつの物事がうまくいくために与えられた環境のなかで自分は何をしなければいけないかを考えるタイプでしたので，水泳をしていた頃は，自分の行動を自分の成功に直結させるという考え方ができずに苦労しました。それに水泳は好きですが，競争になることは苦手でした。その点，学問は順位をつけないので自分に向いている気がします。

　そんな私でしたので，アテネオリンピックに行けなかったときはこのままでは次のオリンピックに行けないと思って，北京オリンピックまでに性格を変えました。何がなんでも自分が1番と思うように心がけました。他の人のことを考えすぎてしまうところが自分の弱点だという指摘もありましたし，まずは自分が良ければそれでいいと思うようにしました。オリンピックに行ってメダルをとるために性格まで変えたわけですが，そこまでしても北京オリンピックの決勝ではメダルには届かず落ち込みました。そのときはオーストラリアをはじめとした海外の選手・友達に「今の自分に誇りを持ちなさい」「頑張ってきた4年間は本物だ」と励まされて，もう1回オリンピックを目指しましたが，今度はローマの世界選手権のときに膝を脱臼しました。それでもリハビリを通じて初めて水泳以外の競技の選手に出会って，サッカーやラグビーなどのチームスポーツのことも学びました。いろいろな考え方に触れることができて，リハビリでしたがすごく楽しかったです。

山本：私もカナダで他競技の選手と会うこともありましたし，私たちのチームでも車いすバスケットボールなどの他の競技をしていた人が多くいま

した。水泳しかしたことがなかった私には新鮮でした。パラアスリート同士では他競技の選手とあまり交流がありません。自分のしている競技の他の選手がどういうトレーニングをしているのかさえ知らないことも多いです。いろいろな人とコミュニケーションをもって，いろいろな考え方に触れるのは，競技者としても1人の人間として生きていくうえでもとても重要なことだと思います。

　また，日本では自分がスポーツをしているということを自ら言わないといけません。たとえば日常会話で，「何かスポーツをされていますか？」と聞かれることがほとんどないのです。おそらく今までの社会の方の先入観では，障がい者はスポーツをしない，あるいはする人が少ないものだと思われていると思います。カナダから帰ってきたときはそのことに違和感を持ちました。カナダでは，健常者と障がい者とで区別することなく，スポーツのことを聞くのも普通です。「何かやっているの？」と聞かれて「何もやってないよ」と答える人もいますし，私のように「パラアイスホッケーをやっています」と答える人もいました。しかし日本では聞いてもらえる頻度が少なかったです。そんな状況も少しずつ変わっていくのだろうと思いますが，2020年をきっかけにさらに加速していくといいですね。

伊藤：スポーツを通じていろいろな人とつながれることはとても魅力的です。私たちアスリートは，好記録を出すこと，記録を向上させること，メダルをとることを目指すことが1つの大きな使命ですが，そのアプローチは人それぞれです。スポーツは本来もっと個性的なものではないかと思います。ルールはありますがそれをベースにしたうえで個性が発揮されるものだと思います。日本人の特性として，価値観が統一されているというところがあると思いますが，海外に出ると自分の価値観を表現している人たちとよく出会います。日本人は「みんなに合わせていれば正

対談 1
「スポーツを通じた人間形成」

しい，大丈夫」と思考が止まってしまいがちですが，スポーツの楽しみ方，取り組み方，目的は人それぞれのものでいいはずです。

山本：答えは 1 つではないですよね。

スポーツを通して誰もが成長する社会へ

伊藤：山本さんも私もスポーツを通じていろいろいろなことを経験して今の自分があります。スポーツによって自分なりの生き抜く力を見つけてきたのだと思います。どんなパスが成功しやすいかといったことは，ある程度統計学で出されていますが，人それぞれのパスがあります。誰もが自分なりのベストを尽くしてほしいと思います。そしてアスリートはそのロールモデルになっているという自覚を持ってほしいと思います。

山本：私は怪我をして障がい者になったわけではないですし，障がいを克服したわけではありません。歩ける人から歩けなくなったということではなくて，生まれてからそのままなので，皆さんが成長してきたことと同じです。だから障がいによってできなくなったということはなくて，できるようになったことが増えているだけです。

　それぞれの選手で障がいの度合いが違います。先ほど伊藤さんがおっしゃってくださったように，水泳でもこう動かすと正解というセオリーがなくて，それぞれ自分で見つけた型がその人のベストの泳ぎ方です。今しているパワーリフティングでも，イギリスから来たコーチに指導を受けていますが，コーチは自分の障がいに特化して考えることを強調します。1 人ひとり障がいの度合いも違いますし，歩んできたヒストリーも違いますので，身体の使えるところと使えないところをそれぞれ見極めないとできないのです。そういう意味では，パラリンピックの指導者

はすごく難しいと思います。
　私の場合，水泳をしていた頃も「大丈夫だ，よくやった」としか言わないコーチとはあまり長続きしませんでした。怒られることで私をアスリートとして認識してくれたという基準なのです。厳しいことも言われながら目的に向かって努力するのです。障がい者は時に生きているだけで努力していると思われることさえありますが，特に私のような先天的な障がい者の人もそんな言葉に甘えすぎず1ミリでもいいから成長しようという意識を持つと，これまでとは違った世界が見えてくるかもしれません。

伊藤：健常者も同じです。アスリートだったらなおさらその意識が必要です。アスリートはその積み重ねが最後のところでの自信になります。私が現役のときは，少しでも成長した実感が毎日ほしかったです。たとえば，すごく細かいですけど「ストロークの入水のところを注意して泳ぐことができた」とか，今日はこれができたという実感が明日の頑張りにつながりました。

山本：パラ・パワーリフティングは結果を数字で見ることができるためクリアで，成長した実感を味わうことも増えました。カナダでは，障がい者であってもひとりの人間であり自立して自分に責任を取らなければいけません。そのためアイデンティティや自立心を培って帰ってきました。障がい者の方も踏み出すことが必要ですし，健常者との両者の理解が必要だと思います。

伊藤：日本もスポーツを通じてさらに自立心を持てるような環境になればいいですね。障がい者に対してもフラットになればいいと思います。スポーツはそんな未来を現実に近づけてくれるはずです。みんなでスポーツをすればいいんですよ。

対談2 大渕 隆氏 × 為末 大氏
「アスリートの成長とその環境」

左から，大渕 隆氏，為末 大氏

対 談 者

大渕 隆氏

早稲田大学（六大学野球ベストナイン）出身。日本アイ・ビー・エム株式会社（野球部），高校教諭を経て北海道日本ハムファイターズのスカウトディレクターに就任し定量的な評価システムの導入や人間教育重視の選手育成などの球団改革を実現。現在，同球団スカウト部長。

為末 大氏

元陸上選手（男子400メートルハードル）。世界陸上選手権メダリスト，シドニーオリンピック，アテネオリンピック，北京オリンピック日本代表。引退後は講演，執筆，陸上教室主催，アスリートの引退後の支援，コメンテーターなどマルチに活躍。

＊以下，敬称略。

1 アスリートの成功する要素

大渕：野球のような団体競技と，陸上のような個人競技では感覚が違うと思います。前者でも特に球技競技のアスリートは人や対象物との距離感など意識が主に外を向いていますが，後者の個人競技のアスリートは自分の体内など意識がより中を向いているように感じます。今日は為末さんとお話することでいろいろな発見があるのではないかと楽しみにしています。

為末：違いという点では，プロスポーツとアマチュアスポーツというのもあると思います。陸上競技はプロとアマチュアの意識の境目が曖昧になりやすい環境です。一方で，プロ野球には激しい競争や強制的な入れ替えが行われる環境にあって，その感覚というものに興味があります。私も大渕さんからいろいろと学びたいと思います。

　早速質問なのですが，アマチュアで活躍する，たとえば甲子園に行くための資質と，プロ野球という世界で必要とされる資質は若干ずれているのではないかと思っているのですが，実際のところはいかがでしょうか？

大渕：甲子園の場合はトーナメント制なので試合に負けないことが1番大事になりますが，プロの世界では自分の成績を上げることが大事になりますので，そもそもの目的が違います。あとはそれをどう管理・管轄するかが問題になるわけですが，単に勝って甲子園に行きたいのであれば，どういう内容の指導をしているかは別にしてとにかく強いチームに入ることを選ぶことが先決でしょう。ですが，ただ単に強いチームに所属して勝利という結果を出せばプロが近づくかというと，そうとは限りません。

対談2
「アスリートの成長とその環境」

為末：選手をプロにスカウトする立場からすれば，甲子園に出場しているチームさえ見ていればいいとはならないわけですね。アマチュア時代にはまだ見えなくても，これがあるとプロに行ってから活躍できる可能性があると思われる決まった要素というのはあるのですか？

大渕：実はかつて私もそれをマニュアル化しようとしました。いろいろな人からヒアリングして共通点を見つけようとしました。ですが，まとめようとすればするほど陳腐になってしまい，改めて人間がこれから伸びる要素として内面的にあるものを見抜くということは容易なものではないと感じました。ただ，私なりにプロに行って成功・成長する選手の式をつくりました。あまり複雑にしても仕方ないのでシンプルに突き詰めると，「身体的な資質×環境×圧倒的な向上心」だと私は考えています。

「身体的な資質」はスポーツですので外せないですし，「環境」は，たとえば，野球の能力があっても野球をする環境がなければ開発されませんし，高い環境に入る機会がなければ十分に開発されずに終わります。少し大げさですが，カヌーのオリンピック選手になる人は，カヌーができる場所に生まれなかったら絶対に生まれません。そのため「環境」も入ります。ただ，野球の場合，特に野手はある程度のレベルの環境にあれば，「圧倒的な向上心」で身体的能力に勝る選手を追い抜くこともできます。「圧倒的な向上心」には自分で考える力や感性などが含まれます。

為末：陸上もそんな感じがします。この式は大体どのスポーツでもはまりそうです。きっとスポーツによって各要素の比率が変わるという感じなのでしょうね。

大渕：「環境」は「圧倒的な向上心」にも影響します。私たちは今現在の要素だけでなく，将来の伸びしろを見ています。たとえば，自分で考える力を育てようとする指導者かどうかで，選手の成長度が違うこともあります。もちろん視点はさまざまで，今は管理が厳しい環境にいて自分で

第Ⅱ部　スポーツの可能性を考える

何も考えずに指導者の言われるままに取り組んで高いレベルに達している選手がいれば，もし自分で考えるようになったらもっとすごくなるかもしれないと注目することもあります。逆もまた然りで，たとえば，性格的に個性が強すぎて他球団が獲得を躊躇するような選手もなかにはいるわけですが，見方を変えれば鍛えられた良い感性を持っていると判断することもあります。

2 指導者が与える影響

為末：「環境」という外部要因が成功の1つの要素であるというのは確かにそう思います。私が400mハードルを始めたときも完全に自分だけの決断ではなくて，5，6割が環境という外部要因だったように思います。私はもともと100mをやっていて全日本中学校選手権で優勝して期待もされていました。それでも高校時代に結果が伸びなくなり思い悩みました。しかも当時は日本選手は世界の大会で100mは予選落ちが当たり前だった一方で，400mハードルでは予選を勝ち抜く人もいて，どうもこの競技なら世界でも通用しそうだという空気がありました。そのうえ地元で開催された国体の100mに，同じ地元で有力選手が他にいたことが重なりました。指導者という側面からいえば，何をやるのかを決めるのは自分であり，一緒に考えてくれるのが先生だという感覚を強く持った先生の指導を受けていました。質問をして生徒に考えさせるのです。その影響もあったので，短距離から400mハードルに移るという大きな決断も自分で考えてできたのでしょう。その国体で400mハードルに出場して結果を出した私は，いけそうだという手応えを得ることができたのです。

対談 2
「アスリートの成長とその環境」

大渕：「環境」のなかでも指導者は大事だと思います。陸上部でも，この監督がいる高校にいけば強くなれるという評判はあるのでしょうか？

為末：あります。高校の陸上だと，もう少し正確にいうとブランディングみたいな感じがあって，あの高校に行くと皆が強くなっているぞという空気ができると，才能のある生徒が自然とそこに集まって，競争環境もできます。それに指導にはそれぞれ各校の特徴がありますが，やっぱりポイントを押さえている先生の指導を受ければ記録は伸びます。ただ，大渕さんのおっしゃる将来の伸びしろというポイントでいくと，インターハイ優勝校からオリンピアンが輩出されるとは限らないと感じています。オリンピアンになる選手は高校を卒業した後もだんだんと自分と向き合いオリジナルの練習をつくり上げていくのですが，自分の頭でどうしてこの練習をしているのかという意図をあまり考えずに高校時代をすごすと，高校時代に培った練習の型を覚えすぎてしまい，その後の自分に合ったオリジナルの練習をつくり上げることが難しくなってします。そうすると記録を伸ばすことはできません。

大渕：高校野球でも勝たせる指導者は勝たせるための型を持っています。ただ，もし選手がそこに自分を当てはめることだけに専念してしまうと，われわれスカウンティングは，その学校は甲子園では勝つけれどプロ野球選手は輩出しにくいと考えざるを得ません。その一方で逆もあるわけです。今のお話はそれに近いですね。

為末：やっている練習の意味を理解していないと，次のステップに行ったときに対応するために練習自体をアップデートすることができません。高いレベルを目指すほど，アスリート自身が考える力を鍛えることは重要でしょう。野球のように相手もいる対戦競技ならば，上の世界にいくほど対戦相手のレベルが上がり環境が難しくなるので，余計そうだろうと思います。

第Ⅱ部　スポーツの可能性を考える

大渕：そのとおりです。今はこういう時代で，学生も皆情報を持っているので，どんな環境でどんな指導かも大体わかったうえで，自分で判断して進学先を選んでいると思います。時には甲子園に出ることを最優先にして，自分をその学校の型にはめることを選択してもいいでしょう。その環境でどう行動するかを判断すること，それも自分で考えるということだと思います。

為末：本人が何をやりたいのかを優先しながら誘導するタイプの先生と出会えたことは，物事の根底を考えることが好きだった自分にとって良かったと思っています。中学生のときにも高校生のときも，良い競技者と良い人間は一致すると比較的信じている先生でした。そういう影響は自分のなかで根強く残っているように思います。

3 突き詰めるということと，開いているということ

大渕：プロ野球の選手がすべて人格者かというと必ずしもそうではないのですが，長く活躍する選手は日々人間としても成長している選手で，高いレベルでパフォーマンスを出し続けます。逆に短命ですが際立った成績を残すような選手は，人格的にはむしろエッジが効いているところがあるかもしれません。しかし，それはアスリートとして重要な要素で，そういう選手も必要です。私は高いところを上り詰めるトップアスリートは芸術家だと思っています。芸術家はどこか特別な感性があって，のめり込みやすく，時に一般社会から見ると大丈夫かなと思われるくらいですが，その芸術家的な要素はトップアスリートにリンクします。一般常識やありふれたハウツーの情報よりも，自分の感性を突き詰めているのです。普通の社会では，ある意味相当変わっていると思うのです。です

対談2
「アスリートの成長とその環境」

が，それをやってのける選手がトップアスリートになるのだと思います。

為末：それはとてもわかります。私は現役の選手を見ていると，少し変なたとえかもしれませんが，夢中で砂遊びしているのだから最後までやらせてあげたいという想いと，公園の外の世界に出たときのためにどこまでやらせたらいいのかなという思いの両方が浮かんできて葛藤することがあります。私は引退した選手に会う機会も多いですが，公園の外をあまりに知らなくて苦労している人はたくさんいます。気持ちの半分は，どんな人生もそんなものだからと割り切った思いもありますが，もう半分のところではスポーツ界全体の問題として共有していくべきではないかと考えたりします。

大渕：今のお話はセカンド・キャリアの問題にもつながってくるのだと思いますが，その点は私も悩みました。プロ野球の世界に関わるようになってしばらく経ったあるとき，20歳前後の素晴らしい感性を持った選手たちをプロ野球という狭い世界だけに閉じ込めていることが可哀想に感じました。しかも，プロ野球の世界で全員が活躍できればいいのですが，特に高校出身のプロ野球選手の7割はプロ野球では活躍できないまま引退するのが現実です。それでも，他の競技と比べると多額のお金をもらっていますので引退後もそれなりに保証はされているのかもしれませんが，お金なんてすぐになくなります。そうするとプロ野球にいる数年の間に，野球以外の何かを与えないといけないと思い，若手対象の教育システムを整備しました。

そこでは，パソコンの技量だとか英語だとかそういうことではなくて，選手たちにいかに外向きの人になってもらえるか，外部にもアンテナを張ってもらえるかということを大事にしました。たとえば，休日にちょっと外に出て本屋に行ってみるとか，人と会ってみるとか，それだけでも価値があることです。人間としての幅を持つことは選手としての成長に

つながることにもなりますし，一般社会でも活躍できる人材を育てる社会的な役割もあります。セカンド・キャリアは，結局は本人がその気になるかどうかがポイントにはなるのですが，そのときに誇りを持ってユニフォームを脱いでもらいたいと選手には言っています。かつてはユニフォームを脱ぐと自分には何も残らないと思っていた選手も多かったですから。

為末：私もセカンド・キャリアについて選手に話を聞いて，いろいろと取り組んできましたが，難しい点は現役時代から「ブリッジ」できる選手とできない選手がいて，後者の方が多いという現実です。つまり，現役時代の経験や培った能力が，次の世界ではどう活かせるかということがよくわからないのです。数パーセントの選手は自然とやれてしまうのですが，それ以外の多くの選手はそれができません。彼らを前提に考えると，現役の間にも外の世界の情報に表面的でもいいので触れておいてもらって，どこかのタイミングでその気になったときにはなんとなく次のキャリアを考えることを始めやすい状況をつくってあげるのが望ましいでしょう。そうすれば，スポーツを通じて学んだこと，たとえば，強い気持ちを持つこと，目標を設定しそれを達成するために工夫して努力することといったことが，外の世界でどう活かせばいいのかという「ブリッジ」をしやすくなります。私は，基本的にアスリートの能力の高さを信じているので，そうした状況が整えば多くのアスリートが次の世界でも活躍するのではないかと思っています。

大渕：もう1つ，アスリートのセカンド・キャリアの問題の背景には，私が「一筋主義」と呼んでいる日本の文化があると思うのです。日本はこの道一筋であるということを尊ぶ文化があります。学業一筋，スポーツ一筋，取り組む競技は1つ，というように1つのことに専念する美しさを強調する文化です。この反対の概念として文武両道という考え方も確

対談 2
「アスリートの成長とその環境」

かにあるのですが，私自身はそれにも違和感を持っていて，むしろ「文武一道」だと思っています。文武というのは本来，連鎖して，絡み合って相互に上昇し，昇華していくはずなのに，両者を別物のように捉えるのは違うと思うのです。知識を学び運動に活かすこと，運動で体感したことを知識に繋げることは絡み合っているはずなのに，それを始めから両道として分けて異なる道があるように扱うのは，私は違うと思います。1人の人間がやることですから，本来はそれを1つひとつに分ける必要はないはずです。

為末：そうですね。自分も引退間際くらいから陸上選手以外の世界の人たちとの交流も増え始めた生活がスタートしましたが，そこではオリンピアンであり世界選手権のメダリストとして，周囲からすごい尊敬を受けるのと同時に，陸上しかやっていない「所詮アスリート」というイメージもあって，どうしてもスポーツの枠から出られない雰囲気も感じました。現役の間はスポーツ選手としてスポーツが前面に出るのはそれで良いのかもしれないですが，たとえば，会話をしていてもどこかの会社の買収とかビジネスの話になった途端に急に子供のように「わからないよね，ごめんね」という扱いをされてしまったことを今でも覚えています。スポーツで結果を出した私は，スポーツ一筋で他のことは知らないのだろうという概念があったのかもしれません。

大渕：アスリートに関する価値観や捉え方という点では，むしろ今の若い選手たちの方が社会よりも進んでいる感じがします。スポーツの世界ではなく普通の社会人として見てもトップクラスの優秀な若い選手がいて，彼らを見ているとちょっとモノが違うなと思います。彼らをこれまでの旧態依然の体制のままスポーツの世界に迎え入れてしまい，優秀な彼らが「所詮アスリート」として扱われてしまうとすれば，これは私たちの失敗です。この先のスポーツ業界の発展を考えたとき，彼らのレベルに

合わせた受け皿を私たちは急いで用意していかないとならないと強く思います。

為末：確かにアスリートのなかにも，スポーツだけの殻に閉じこもっているのではなく，いろいろなところから影響を受けられるように自分自身のアンテナを外に向けて開いているアスリートが徐々に増えていますね。

大渕：「開いている」という言葉は今の時代にすごく合っていると思います。日本のスポーツの教育には，指導者の言うことに忠実であることを良しとしてきた文化があります。それの延長で，意識が指導者のことにばかり向いてしまっていては，選手は考える力を養ったり，自身の特有の感性を磨いたりすることができません。今は外の情報を以前よりも簡単に得ることができます。学ぶ機会も多様にあるわけですから，アスリート自身が早いときから自分の頭で考えて，自分は社会のなかでどう振る舞うべきかを考えるのは重要だと思います。

為末：一方で，「開いている」とは反しているように聞こえるかもしれませんが，アスリートには他を顧みずにのめり込む強さのような狭さを持つことも重要で，そこに先ほどの砂場の葛藤が生じます。

大渕：その感覚はとてもわかります。だから私はトップアスリートに，つい芸術家という言葉を当てはめるのですが，それくらい彼らは何かに研ぎ澄まされて突き詰める感性を持っています。社会のなかには，学生の頃に学業も優秀でありながら，スポーツでも大活躍をし，今はエリートとしてビジネス界で活躍されている人たちもいます。ですが，もしかしたら優秀だからこそ周りのことが見えていて，常識的に無駄や非現実的なことを分別してしまったゆえに，芸術家にはなれなかったのかもしれません。

今の時代を彩るトップアスリートの感性は本当にすごくて，すでに走り終わった先人が後から整理したハウツーはそれはそれで正しいわけで

すが，彼らはそれさえ必要としません。極端な言い方かもしれませんが，突然「こういう素振りがしたくなった」と言って，寝ているところからパッと起きて素振りをするくらいの選手は本当に強いです。すごく抽象的な感じですが，そういう今の時代を走っているアスリートの感性を大切にしたいという気持ちは強くあります。だから，プロ野球選手として世間から注目されているのだからこうした振る舞いを心がけなさい，というような教育は行いますが，競技に関わるところには介入しないように，彼らの感性のところには触れないように，強く意識しています。

4 感性を大切にする教育

為末：それは本当に微妙な匙加減ですね。とてもよくわかります。私は，世間はアスリートという人間に対して，あまりにも早い段階で多くのことを求めすぎている気がします。20代前半の社会人にこれからの日本の行く末のビジョンを教えてほしいとお願いしてもそう満足のいく答えが返ってこないのと同じように，今まさに競技にのめり込んで走っている選手が「文武一道」をすでに成立させ，かつその後の人生においてもずっと成り立たせるというのは，求めすぎているというか，矛盾があるのではないでしょうか。成長のペースはもう少し遅くてもいいと思っていて，アスリート人生のある程度最後の方までいったところで，なんとなく「文武一道」が成り立っているような感じではないでしょうか。

大渕：周囲の人間はそれを待つ必要があるということですね。

為末：世の中で良いとされていること自体が，どのくらい普遍的な事なのかと考えたときに，実は，私たちは，無意識に社会で普遍的なことは正しいものであると信じ込んでいる節があります。偏見を持たずにあるが

ままの状態で考えると,実は普遍的だと思っていたことが,特殊なものだと気づくこともあります。おそらく,トップアスリートの芸術家のような感性は,何かいろいろな常識から取っ払われて,普通の人ならばやるはずの自分の考えが本当に正しいかを周囲の人に擦り合わせて確かめるということをやらずに,「自分はそう感じたからそうなんだ」と世界を生きていく瞬間があって,そういうことが常識を打ち破って突き抜けるには重要なのではないかと思うのです。

大渕:本当に誰しも,多かれ少なかれそういう感覚を持っているのでしょうが,この実生活で顕在化させる機会は少ないのでしょう。教育,あるいは,一般常識といわれるもので,多くの人はそれを抑え込んでいる気がします。個人的な経験則ですが,特にアスリートのように身体能力の高い人は,自分の感性に従って行動する傾向が強いと感じます。彼らにあまりにも早くから多くのことを求めすぎると,その感性を阻害してしまいますね。

為末:おそらく,飛び抜けているピカソのようなアスリートは最後まで自分の感性のままに生きていくのでしょうが,それ以外の人は社会との摩擦やギャップを感じるなかで,どこかのタイミングで徐々に社会との折り合いをつけていくのではないかと思います。研ぎ澄まされた感性のときにしか見えない世界があるわけですが,あるとき,そういう尖ったものがふっと緩んだ瞬間に,社会の側にパッと目がいって,社会の居場所を探し始める気がしています。自分の場合も,あるときふっと周りが見えて,何か折り合う場所や形を探し始めるような感じでした。

大渕:1人で砂の山をつくっていたときに,ふと周りの人や遊具に目がいくわけですね。

為末:それを周りの人間が変に早々にさせようとすると,まだまだ砂場に夢中の子供の手を引っ張って,お前も外に出ろよ,みたいなことになり

対談 2
「アスリートの成長とその環境」

かねない。だから，どこかのタイミングが来てからでいいのだと思います。実際，自然とそうなる気がします。私のこれまでの人生も結構そうでした。だんだんといろいろなことがつながっていくような感じです。もちろんアスリートが本当の意味で社会のなかで自然に交わるところに辿りつくためには，社会の価値観もそうですが，アスリートの側からもスポーツ以外のことに対してちゃんと接点を持っていくように変わらないといけないと思います。それを追求していくと，「文武一道」というステージに辿りつくのかもしれないですね。

大渕：なんだか今すごくクリアになりました。

為末：あとはパーセンテージの話のような気もします。1%の人はもうピカソのまま生きていくのだと思います。そういう風に生まれてきているところがあるのではないかと。それが世の中の3割も4割もの人がピカソということになると，社会全体としては最適ではない気がします。一方で100%の人がいわゆる常識人になってしまっては夢がありません。いろいろな人間がいるなかで，比率の問題ではないかと思うのです。

大渕：スカウティングの経験からも感じるところがあります。実際，世にいう天才型はいるわけです。たとえば，勉強でも，ほぼ勉強しなくても1回本を読むだけで覚えてしまうような人がいるのと一緒で，野球でもどんな道でも圧倒的な感性でトップまで登り切って行ってしまうアスリートがいます。個人的な感覚ですがプロ野球選手の1,2割はその層です。後の6,7割は身体的能力や幅で優劣あるけれども，努力次第でいくらでもひっくり返る層で，残りは相対的に淘汰される層です。本当の天才はどの業界にも絶対的にいます。周りが何もしなくても勝手にやれてしまう。そういう人たちは生まれながらにしてそういう感性を持っているのでしょう。

為末：今の日本の教育だと，人によって教育方法を変えたりすると，下手

第Ⅱ部　スポーツの可能性を考える

するとそれは差別だという声が聞こえてきたりもします。しかし，本当に突き抜ける可能性を持つ人間に対してできるサポートは「邪魔をしない」という教育ではないでしょうか。彼らは型や筋道をそこまで必要としていないでしょうから。それをうまく見極めるのは非常に難しいことではありますが。

大渕：本当のトップ層の人間を型にはめようとしてもはまりませんよね。ではなぜ選手たちに型や筋道を教えようとするのかといったら，セーフティネットではないですが私たちで言う6,7割の選手のためにやっているという感覚です。トップにいる1,2割は教えても教えなくても自分たちで勝手にやりますし，できてしまいますからね。

5 スポーツが生み出すもの

為末：社会を変えるような特別な人材が1つの業界から数人出るだけでもすごいことです。そのためアスリートの全員がそういう特別な存在にならなくてもいいのだろうと思います。それでもアスリートの姿は人の心を動かすものがあります。実際に競技にのめり込んでいるアスリートがそれを意識していることはないでしょうが，スポーツで自分の力を限界まで出し切る瞬間を目にすると，人は言いようのない感動を覚えます。そういう局面は社会のなかでも意外と少ないのではないでしょうか。シンプルに，一生懸命に何かに取り組んでいる人の姿には人の心を動かす力があって，人間の感性の中心にある何かを突き刺すのではないでしょうか。

　いろいろなアスリートがいますが，アスリートは白日の下にさらされる職業ですので，勝敗や記録という最後の答え合わせは誤魔化しが効き

対談2
「アスリートの成長とその環境」

ません。だから結果に対して、またそこに至るまでのトレーニングに対して、自分の可能性に対して誠実に取り組むことが求められます。それはアスリートである限り避けられないところで、それがなければその場所から退場させられてしまいます。その厳しい環境にいることは、アスリートという人間にとって素晴らしいことですし、その環境は大切にしないといけないように思います。

大渕：私も新人の選手たちに「自分の持っている身体を究極まで開発しよう」と常に話します。プロのスポーツ選手だからこそ、究極的に自分自身の身体を開発し、それをやりきれなかったらクビになるわけです。自分のような一般のサラリーマンが、己を追い込み切れなかったらクビになるという心理的な境地や身体的な極限まで追い込まれることはほとんどないでしょう。プロ野球選手でいる期間というのは、もらった命を最大限に燃やす素晴らしい期間が与えられていることだから、思い切り自分の命を使ってくれと伝えています。

　教育という点では、挨拶とか、全力疾走とか、いろいろとあるのでしょうけども、今の話からすればそれらは時に表面的な話かもしれません。もちろん型は大事ですがそこに心が込められてこそのものです。スポーツの勝負には基本的に嘘やぼかしがないことがありません。たとえば、同じ勝負でも、一般社会では言葉の裏、根回し、背景をみんなが感じながら勝負しているのではないでしょうか。そこには曖昧さや解釈の余地がありグレーな部分に染められています。一方で、100メートルを誰が1番早く走り切ったかは誰も曖昧にできません。もしかしたらスポーツは、人間の複雑な要素をすべて取り払って、人間の純たる姿を表現しているのかもしれませんし、観ている側はそれを無意識に感じ取って魅かれているのでしょう。

　高校野球の中継が人気を博しているのは選手が高校生だからだと思い

第Ⅱ部　スポーツの可能性を考える

ます。野球の技術に関しては当然プロに及びません。それでも，競技中に選手の表情にフォーカスして放送されたとき，ピッチャーの悔しい顔や緊張している顔が包み隠さずに映し出されます。しかも高校生はまだ感情を隠すことができません。おそらく視聴者はそれを見て感じるものがあると思うのです。それは本質的には選手たちが礼儀正しいとか，よく教育されているとか，そういうところではなく，人間としての純粋な姿を垣間見ているのではないでしょうか。そう考えると，社会の期待に対するアスリートの宿命として，極限まで常に自分の限界に挑むことが大事なのでしょう。

為末：スポーツの可能性をより広義に捉えると，社会のマインドセットを変えるときに，1番いい事例がスポーツなのではないかと思います。私自身，（アメリカのメジャーリーグで活躍した）野茂選手の影響が大きくて，日本人でも世界でやれそうな気がすると自分のマインドが変わりました。先ほど話に出ました「一筋主義」という文化も，投手と野手の二刀流に挑む選手が社会のマインドを変えるきっかけになるのかもしれません。

　最近話題の働き方の問題でも，無駄な時間と無駄ではない時間という概念だけで考えてしまっている気がしています。つまり，働いている時間は無駄ではないが，休んでいる時間は無駄な時間であるというように物事を2つに分けて捉えているのではないかと思います。しかし実際には，もう少し人生というのは多面的で，無駄だと思っていたものが無駄ではなくなったりするもので，絡み合って干渉し合うものだと思うのです。そのモデルから考えると，投げているから打っている側面もあるという概念は，われわれの奥深いところに当たり前のように根づいているものを変える可能性さえあります。

大渕：実際，新生物が出てきているような感じで，それに対してわれわれ

対談 2
「アスリートの成長とその環境」

の方が受け皿を変えていかないといけないという危機感を私たちは持っています。社会が過去の知見だけで，アスリートに対して限定的な受け皿を用意しているわけにはいかなくなっていると痛感します。われわれ大人の責任として，アスリートの成長する環境を整えていきたいですし，それが社会に良いインパクトを与えられるのであれば素晴らしいですね。

為末：スポーツの世界は厳しい世界だということを誰もが知っているので，その世界で起きている出来事は信じるに値する感じがします。スポーツのなかで反射的に起きた出来事が，外交や平和に貢献することもあります。ある競技で，政治的には問題を抱えている国同士が対戦したときに，怪我をしかねない場面で対戦相手をかばったことで，これまで抱いていた相手国のイメージが好転したことがありました。

　また，スポーツの世界では不条理なこともたくさんあります。たとえば，どんなに努力して練習を積み上げてきても，自分の落ち度ではないところで試合への出場が阻まれてしまい夢を断たれる状況もあります。その理不尽を押しつけられたときに，アスリートがその状況を耐えるとともに新たに道を切り拓いていく姿は訴えるものがあります。これからの社会がますます変化に富み，予測が困難で計画も立てにくくなる時代になるとすれば，どんな状況でも柔軟に粘り強く能動的に行動できることの重要性が高まります。スポーツは人がそれをできることを示していますし，成功よりもむしろ失敗から多くを学び，そうした理不尽への耐性を培ったアスリートはそのロールモデルになり得るかもしれません。そういう意味でも，スポーツが社会に果たせる役割は大きいのだと思います。

第Ⅱ部　スポーツの可能性を考える

対談 3 東明有美氏 × 工藤陽子氏

「アスリートの社会的活用」

左から，工藤陽子氏，東明有美氏

対 談 者

東明有美氏
　元サッカー選手（日本代表主将）。FIFA 女子ワールドカップスウェーデン大会，アメリカ大会日本代表，アトランタオリンピック日本代表。現在，公益財団法人日本サッカー協会 JFA アンバサダー，関東学園大学経営学部経営学科准教授。

工藤陽子氏
　米国公認会計士。EY 新日本有限責任監査法人 FAAS（Financial Accounting Advisory Services）事業部シニアプリンシパル。(財)日本バレーボール協会監事。

＊以下，敬称略。

1 スポーツを通じて考える日本の価値観

工藤：今日はアスリート経験者を社会でいかに活かせるかということに焦点を当てた対談企画ということで，サッカーとビジネスという2つの世界で戦ってきた東明さんからたくさんのアイディアとエネルギーをもらおうと思っています。早速最初の質問ですが，現役中やその後にこれまで多くの海外経験を持っていらっしゃいますが，日本という社会をどのように見られていますか？

東明：私がサッカー選手として最初に，日本という社会が世界のなかではユニークなのだと感じたのは，同じ国際大会に出場しているアメリカ代表の選手が，大会に子供やご主人を連れて来ているのを見たときです。ご家族と大会に一緒に来て同じホテルに宿泊するというのはアメリカでは見慣れた光景ですが，私たち日本の選手からするとあり得ないものでした。日本では，恋愛するとパフォーマンスが落ちると思わせるような教えを受けてきていましたので，後ろめたさのようなものを感じてしまいます。ですので，彼女たちのプライベートと競技を生活として融和させている姿がとても新鮮で羨ましいと思いました。サッカー選手を引退して，ジェンダー論やダイバシティについて研究してきた今では，それに驚いていた当時の私たちが，おかしな常識に凝り固まっていたのではないかと思っています。

工藤：その感覚はとてもよくわかります。私も初めてドイツで2週間ほど仕事をした際，日本とまったく異なる働き方の価値観を目の当たりにし，日本の特異性を感じました。その次の年にはアメリカの大学に留学する決断をしましたが，当時の日本では一度社会人になった人がもう一度大学に行き直すことはかなりレアでした。一方，アメリカではいつからで

対談3
「アスリートの社会的活用」

もスタートできる門戸があり，個人をフェアに評価してくれるカルチャーがありましたので，それが私を後押ししてくれたと思います。他に日本では当たり前のようなことが海外では異なると感じた経験はありますか？

東明：たくさんあります。たとえば，私は引退後に8年間，香港の女子サッカーチームの監督をしていたことがあるのですが，女性に関する価値観について日本との違いを実感しました。日本にいたときは，女性はいつでも笑顔で，どちらかというと誰かをサポートする立場にあるという感覚をどこかで当たり前のように感じていた気がするのですが，香港の女子選手たちに「どうしていつも笑っているの？」と聞かれたことがありました。彼女たちにとっては，私が何も楽しいことがないときもいつも笑っていることが不思議だったようです。

工藤：確かに日本ではYES，NOをはっきり言わずに，笑顔でその場をやりすごすことを良しとするような風潮がありますよね。

東明：もう1つ，日本では出る杭は打たれるという風潮が強いのもユニークだと思います。それは相手を尊重するという意味ももちろんあるのですが，海外の選手たちは自分の意見を主張しますので，日本にいるときの感覚で接していると，監督という立場であるにもかかわらず一言もしゃべらずにミーティングが終わるということさえありました。私は生まれ育った日本がとても好きなのですが，彼女たちとのミーティングでは日本人としての私の意思の弱さ，自立心のなさという反面が表れていたのかもしれません。

工藤：その背景には，日本は人を管理しようとしすぎることがあるように思います。管理が行きすぎると個性もなくなってしまうし，さらに進むとやらされているという受け身の感覚が強くなってしまいます。特に今私が所属しているようなプロフェッショナルの集団においては過度な管理体質は向かないと常々思っています。スポーツの世界ではどうなので

第Ⅱ部　スポーツの可能性を考える

しょうか。個性や違いというのは出しやすいものでしょうか？

東明：プレーの面では違いを生み出すことが歓迎されますが，フィールドの内外でチームとして行動しますので，共同生活のなかである程度の常識を持って周囲に合わせないと難しい面はあります。海外遠征に行った場合など顕著ですが，特に日本のチームでは協調性がないとチームのなかで生きていけませんし，プレーに影響が出てしまうでしょう。

先ほどの出る杭は打たれるという言葉について，興味深い経験があります。以前，私が講義を担当したジェンダー論の授業で，学生にレポートを書いてもらったことがありました。テーマは「オリンピックに行く際に女子サッカーの代表選手は飛行機のエコノミークラスで移動したが，男子サッカーの代表選手はビジネスクラスで行ったとします。それは男女差別でしょうか？」というものです。予備知識として，女子サッカー代表はワールドカップで世界一になるほどの強豪であること，一方の男子チームは世界ランキング40位から50位くらいであることと，女子サッカーの試合はあまり人が入らないので入場料等もあまりもらえないしスポンサーも男子サッカーに比べると少額であることもつけ加えました。結果は，全員が「男女差別である」という内容のレポートでした。

工藤：興味深いテーマですが，それ以上にレポートの内容が均一的であるということが興味深いですね。この時代において，その問いに対してこれは男女差別ではなくフェアなものだという主張をしてはいけない雰囲気を学生は察知したのでしょうか。それを言えば，まさに出る杭になってしまいますので学生はそれを恐れたのでしょうか。

東明：私も他の主張も出てくると思っていました。見る視点が異なれば到達する結論も異なっていいと思うのです。そこからまた議論を深めていけばいい。たとえば，以前，テニスのプロツアーの賞金額が男子の方が高いことに関連して，女子と男子の待遇が違うのは興行の点から見れば

対談3
「アスリートの社会的活用」

当たり前だという趣旨の発言が，世界的に論争になったことがありました。実際，スポーツの世界においては，男女の賞金格差はとても大きいですが，私はそういう観点からの意見もあるのだなと思いました。そうした議論から考察が深まればいいわけで，初めから答えが1つにまとまっている必要はないのです。ただ，もちろんジェンダーの問題は現代社会において非常に繊細で難しい問題ですので，学生もこの論文の問いには頭を悩ませたことでしょう。

2 スポーツが持つ社会への影響力

工藤：一般企業でも女性役員を増やそうという政府の方針がありますが，ジェンダーの話は時に複雑で，さまざまな角度から考察することは重要だと思います。スポーツという象徴的なところから物事を考えるというのはなかなか興味深いですね。先ほどの飛行機の座席クラスの問いにも，東明さんのそうした意図が伺えますが，確かにジェンダーの問題と経済的な背景や人気という事象を同じテーブルで議論するのはなかなか難しいことですので学生も悩まれたでしょう。私だったら人気を経済効果として数値化して客観的な検証を行えないか検討したかもしれません。

　東明さんが出場した1999年女子サッカーワールドカップではアメリカのミア・ハム選手が活躍していました。あの頃アメリカでは女子サッカーの人気はとてもすごかったです。私が当時暮らしていたロサンゼルスでも試合があったのですが，女子サッカーはとても人気がありチケットを買うのも大変でした。大会自体もアメリカチームの優勝という最高の結果により幕を閉じましたが，当時はテレビでも盛んに放映されていましたし，そのときの経済効果を算出してみたら一体いくらだったので

しょう。

東明：面白いですね。経済効果という目に見えるものから検討すると違った議論の展開ができそうですね。実際には，それだけ人気のあるアメリカの女子サッカーでも，男女の代表選手の報酬格差は論争の的でした。女子サッカー選手がストライキを起こしたこともあります。私がやってきたサッカーは日本ではどちらかといえば男性的スポーツだと思われてきましたので，どうしても人気も男子に遅れをとってしまい，アメリカ以上に選手の待遇は差があるのが実状です。

　選手の立場からすると，女子サッカーにももっと投資してほしいという考えに陥りがちですが，この考え方については，サッカー選手を引退してビジネスに携わるようになった今では，喝を入れたいと思います。ただ投資してほしいと言うだけではなく，自分たちで稼げるようなマーケティングを考え直さないといけません。投資するということはベネフィットを期待しているわけです。女子サッカーがマイノリティスポーツだからということを言い訳に，誰かに手を差し伸べてもらうことを考えるのではなく，どうしたら競技が魅力的になってたくさんのお客様に来てもらえるのかというマーケティング的な視点できちんと考える必要があると思います。

　スポーツで多くの観客を集めることはとても難しい問題で，本来その競技を究めてとにかく巧く強く速くなれば人気が高まるはずなのですが，日本のようにジェンダーの意識が強く，女性らしさを求めるような文化が根強いとなると，巧く強く速くとは別に，美しさや可愛らしさなどのような別の要素への要求が無意識に強まってきます。一方でそれを前面に出すマーケティング方法は，現在話題になっているジェンダーフリーやジェンダーレスといった世の中の流れとは逆行してしまいます。

工藤：1999年のミア・ハム選手はどちらかというと日本人が考える女性

らしいプレーヤーだったように思います。その後アメリカのエースになったワンバック選手は、また異なる魅力を持っていて本当に格好良かったですよね。

東明：ワンバック選手は、日本人の考える女性らしさにはそぐわないかもしれませんが、アメリカではとても人気があります。彼女の格好良さを認める土壌がアメリカにはあると思います。日本人の思う「女性観」がもう少し広がりを見せて多様性がもっと尊重されると、日本の女子スポーツの可能性も広がるのかもしれません。また、社会が変われば女子スポーツも盛り上がりますが、逆にスポーツが社会の変わるきっかけになることも大いにあると思います。かつては「なでしこ」と聞けばとてもおしとやかで男性に従属的について行く女性というイメージでしたが、2011年に女子サッカーのなでしこジャパンがワールドカップで優勝したことによって、その言葉のイメージ自体が変わりました。なでしこジャパンの活躍によって、日本でも格好良い女性像という価値観が以前よりも受け入れられるようになってきたと感じています。

3 社会的資源としてのアスリート

工藤：スポーツが社会を変えるきっかけになるといういい例ですね。東明さんはアスリート経験者としてスポーツが社会に与える影響をどう捉えていますか？

東明：私はスポーツが社会を変える可能性は大きいと思っています。ところが、日本のアスリート自身はそこまでそのことを意識していません。たとえば現役を引退したアスリートが、社会問題に切り込んで議論に参加することは少ないと思います。特に海外と比べるとその傾向は顕著で、

それはアスリート自身に社会問題に関する知識が不足しているのかもしれないですし，余計なことを言って批判の対象になるのが嫌だからなのかもしれません。アスリートが引退後にスポーツとは別の一般社会のなかで活躍することは簡単ではありません。

工藤：私はこれまで多くのアスリートの方とお会いしましたが，アスリートの方はビジネス界で成功していくために不可欠な要素を確かに持っていると感じています。それはスポーツを通じて培った自信であったり，リーダーシップであったり，根気強さであったり，さらには目標の達成のために最善を尽くすという姿勢です。いずれもビジネス界のエグゼクティブレベルの人と共通する要素です。

東明：ところがビジネス界の人も，アスリート自身も，スポーツで培った能力がビジネス界にスライドさせ，活かすことができるという認識が薄いように感じます。

工藤：そうかもしれません。日本はこれまで終身雇用制の企業文化が強く，新卒から人材を育ててきましたので，なかなか中途採用で異なる分野の人を入れて活用するという発想が希薄でした。アスリートが競技生活をリタイアするのは多くは30歳前後だと思われますが，そこからビジネス界に入るには見えない壁があることは想像できます。また，1つのことに打ち込むことを美徳とする文化的な背景からも，スポーツに打ち込んでいるとどうしてもそれだけで良しとされてしまいがちです。むしろトップアスリートであればあるほど競技に専念することを強く要求されます。現役時代から，スポーツも勉強も頑張っていれば，競技生活を引退したらビジネスの世界にスライドすることも考えやすいですが，現状ではそれは稀なケースなのでしょう。

東明：確かに，勉強する暇があるなら練習しろと言われ続けていると，競技生活の次に違う分野にチャレンジする土壌は育ちません。アスリート

対談3
「アスリートの社会的活用」

を育てる大人たちの認識も変える必要があると思います。

　アメリカの大学スポーツでは，NCAA（National Collegiate Athletic Association）があり，プロ的になりがちな学生スポーツ選手に対して，スポーツを教育プログラムの重要な一部分と考えて大学スポーツを運営しています。こうした発想はアスリートの人生というスパンで考えたときに重要だと思います。

　私は，人のパフォーマンスモデルは三角形でイメージしています。三角形の1番下の土台には基礎メンタルと呼ぶものがあって，その上にスキルと技術があり，さらにその上に実践メンタルがあると考えています。最近では，スポーツにおいてメンタルトレーニングという用語が当たり前に使われていますが，一般的にメンタルトレーニングは実践メンタルの部分を指していることが多く，持っているスキルや技術を最大限に発揮するためのメソッドです。それは，スキルや技術を持ち合わせた人が行うと効果を発揮するトレーニングですが，実はスキルや技術の下の土台として基礎メンタルがあり，実はこの基礎メンタルのトレーニングがパフォーマンスを高めるためにはとても重要なのです。

　基礎メンタルは，自分の目標を設定して努力する力であったり，失敗してもそれを糧にしてさらに高みを目指す力に変える能力であったり，自分とは何者なのかという哲学的なものなども含まれます。優秀なアスリートはこの基礎メンタルが圧倒的に強いことが多いです。アスリートが引退後にビジネスの世界に移行しようとしたときに，このパフォーマンスモデルを当てはめると，基礎メンタルの上にあるスキルと技術がすっぽり抜けています。今までやってないのですから当然です。だからといってそこで諦める必要はありません。アスリートは強い基礎メンタルをすでに備えているのですから，そのままスライドして自分の強みにしつつ，スキルと技術は新たに学べばいいのです。

たとえば，ビジネスに関するプレゼンをしろと言われたら物怖じせずに人前で堂々と話す強さは持っていると思います。そのプレゼンをするための材料や，ビジネスにおける話し方や，プレゼン資料のつくり方といったスキルと技術が不足しているにすぎません。だから，スキルと技術はしっかりと学べばいい。基礎メンタルが強いので，ここを学ぶだけの土壌も十分にあるのです。失敗したってすぐに諦めません。にもかかわらず，アスリートは引退すると，何も持っていないのだからすべて一からやり直さないといけないと考えがちですし，ビジネス界もアスリートの基礎メンタルの部分を適切に評価していないから，アスリートはビジネスの世界において何もできないと全部否定してしまいがちです。一方で，新卒から採用された社員は，スキルと技術は持っていますが，基礎メンタルはアスリートの強靭さにはそう簡単には敵わないでしょう。そう考えると両者はお互いに補い合う存在になるはずなのです。

工藤：まさにダイバシティ（多様性）です。さまざまな色を持つ人たちがみんな混ざりあった組織があればベストチームで，だからこそ今，企業間のコラボレーションや，ベンチャーを大手企業が支援するという新しい動きが強まっています。同じような人たちばかりがいる環境のなかでは生まれないものを生み出そうとしていることが，さまざまなところが連携している背景にあります。おそらく，今，2020年の東京オリンピック・パラリンピックを目指して懸命に努力しているアスリートやその卵たちがたくさんいるはずです。仮に代表選手として選ばれなかったとしても，そうした基礎メンタルを持った人たちを企業が積極的に採用すれば，企業自身ももっと強くなれるはずです。それこそが，大会後も残されるレガシーの1つなのかもしれません。

東明：アスリートの経験やスキルは社会的資源になり得ます。そのような共通認識が社会に広がるようなマインドセットが望まれます。アスリー

対談 3
「アスリートの社会的活用」

トのセカンド・キャリアの取り組みもありますが，必ずしも十分に機能してきたとはいえまえせん。おそらくアスリート側と企業側の両方に課題があるのだと思います。アスリートには，ビジネスという経験のない領域に対して過度に萎縮したり，アスリート時代の栄光に過度に固執したりせずに，基礎メンタルの強さを活かして積極的にビジネスを学ぶ姿勢が求められます。香港の監督時代に，私の将来の夢は，アスリートもビジネス界で活躍できることを証明することだと言った際，選手たちは意外そうな顔をしていました。海外では，競技生活を終えたアスリートが金融業界でトレーダーになったり，弁護士なったり，ビジネス界でも活躍することは自然なことで，アスリートはそういう意味でもリスペクトされています。アスリートは競技をしながら他のことを学ぶことへの理解と環境があります。日本に目を向けてみると，そういった発想はあまりなく，アスリートはスポーツだけをやる人で，スポーツしかできないといった固定観念が強いように思います。最近では，引退後に企業の営業マンや経営者になって活躍する元プロ選手がメディアに取り上げられたりしていますが，まだ稀です。今後，元アスリートの人がさまざまな領域で活躍することを期待しています。

4 チームビルディング/リーダーシップ

工藤：東明さんはアスリート経験をビジネスに活かす先駆け的な存在として，チームビルディングに関する研究をされています。なでしこは協調性，チームワークを大事にしているというイメージがありますが，海外での経験から自己を主張することの重要性も認識されています。チームビルディングにおける協調性と自己主張についてはどのように考えられ

第Ⅱ部 スポーツの可能性を考える

ていますか？

東明：チームビルディングはただ仲良くなるだけではなく，時に混乱期も必要です。適度な衝突が起こらないとうまくいかないのです。日本人は，論争したり異なる意見を持って対立したりする事自体が悪だと思ってしまうところがありますが，混乱期の後にまた1つにまとまることができたチームの方が絶対に強いです。中途半端な協調だけを繰り返したチームは，難しい局面に直面したときに弱いのです。

　2011年に優勝したときのなでしこのチームワークは素晴らしいものでしたが，それ以前に，招集された20人は個の力が突出していました。自己主張もしっかりとしていて自分の意見を持っている人がコミットしてチームになったということが，強さの要因だったのだと思います。自己主張がなくて，ただ監督に従うだけでしたら，おそらく優勝はできなかったでしょう。チームワークの基本は，まず個人が明確な主張を持っていることで，それをチームとしてコミットすることで強いチームが生まれます。日本は協調することに長けていて，チームワークを感覚的に備え持っていますので，あとは個がもっと強くなればなるほど，チームスポーツとしてのアドバンテージがとりやすいと思います。逆に，個の力が伸びないことには，チームとしての成長にも限界があります。

工藤：強いチームでは，皆が個としての力があって，最終的に同じ方向性を向くようにコミットされているのでしょうね。ビジネスの世界でも，いわゆる慣れ合いの風潮が強いとさまざまな弊害が生じます。別々の方向に向いているわけではないのですが，根回しと暗黙の了解で同意を取るような段取りの会議では，後から裏で不満が出ることが多いものです。私は表で最後までコミュニケーションを全力で尽くし，皆が納得してコミットできる会議を好ましいと思っています。

東明：感情に流されるとチームビルディングはより難しくなります。世界

対談 3
「アスリートの社会的活用」

一になったチームでも，長い間ずっと一緒にいるので，チーム内でグループにわかれてしまうこともあったでしょうし，全員が仲良しだったわけではないでしょう。そうしたなかで，1つの目標のために，感情論を抜いて1つになったところにプロフェッショナルを感じます。チームビルディングにおいて感情のコントロールは重要ですが，その際に重要なことは個人が大事にしている価値観がどこにあるのかをよく汲み取ってあげることです。また，ストレスがかかったときにどういう反応をしてくるのかを丁寧に観察し，その人にあった対応をすることも重要です。

工藤：そこにリーダーの役割があるのでしょうか？

東明：そうだと思います。私はどちらかというとサーバントリーダーシップを推奨していて，フォロワーを大事にしましょうと言っています。実際に香港でサッカーを教えていたときに，命令形の指導をしたら強い反発を受けました。自己の主張を大切にしている価値観を持った彼女たちには向いていなかったのだと思います。相手を理解し，感情をうまくコントロールしてこそのリーダーなのだということを改めて痛感しました。

　もともと私はかなりの君主的なリーダーだったようです。引退した後の話ですが，マッチコミッショナーという立場で大会の責任者として国際大会を取り仕切ったことがありました。日本人は私1人だけでしたが，大会の最後に，私の1番の側近だった人が，皆が私のことを陰で「ショウグン（将軍）」と呼んでいたことを教えてくれました。理由をきいたところ，命令口調で「みんなこれやって，あれやって！」と言っている姿が怖く，逆らえない雰囲気があったそうです。弱い自分を見せまいと必死だったのですが，相手を理解するという姿勢が足りなくなってしまったのかもしれません。実践はなかなか難しいものです。

工藤：何が適切なリーダーシップのスタイルかというのは，そのときの組織の状況によっても変わるとも考えられます。個々が自立的なチームで，

第Ⅱ部　スポーツの可能性を考える

モチベーションも高ければ，リーダーはサポートすることが重要になるでしょうし，その逆に，個々が目標を見失い迷っているようなときには，強いリーダーシップが必要になるでしょう。私は，今の組織でパートナーに昇進したときに，部下と仲良くしているだけではいけない，時には一線引きなさいというアドバイスをいただいたことがあります。最初はどのようにしたらいいかわからず葛藤がありましたが，今では強いリーダーシップを発揮するために，全員に好かれることはできないと割り切ることも必要だと思っています。要は使い分けです。

東明：それはわかります。私も若いときに，先輩がいるなかでキャプテンをやらせてもらったときには，嫌われないようにしようという姿勢がすごく前に出てしまって，リーダーとしての役割を十分に果たせませんでした。ただ，あるとき，全員に好かれることは不可能だなと吹っ切れたときに，リーダーとして一皮剥けたと思います。一時的に嫌われることはあっても，相手をサポートするためにやっていれば後からわかってくれることも多いのです。

工藤：他にアスリート経験がリーダーシップの研究に与えた影響はありますか？

東明：自分にないものを持っている人を側に置くことも有効だと思います。お互いの足りないところを補い合っている監督とコーチは，チームを非常にいい方向に導きます。他にも，リーダーシップのスタイルを組織が到達しているレベルに合わせることも重要です。アマチュアやビギナーレベルでは，教えること，すなわちティーチングが重要になりますが，経験値を積み組織が熟成してきたときには対話により自発的な行動を促すコーチングに切り替えることが求められます。リーダーの形に完成というものはなく，いつでも現在進行形です。それはチームビルディングにおいても同じです。ですので，いろいろな時期があって，常にブラッ

シュアップして変化させて対応していくという感覚を持ち続けることを忘れてはいけません。

5 アスリートの社会的地位の向上

工藤：スポーツで培ったものを社会でも活かすという可能性をさらに高めていくうえで，これからどのようなことが必要だと思いますか？

東明：これは私のライフワーク的なものですが，アスリートの地位を高めることが重要です。アスリートが社会に還元できることはたくさんあり，それは社会の資源として活用できるはずです。ところが，今はスポーツの世界とビジネスの世界が非常にかけ離れていて，アスリートのセカンド・キャリアでもあまり交わる機会がなく，せっかくの資源が失われています。両者がうまく融合してお互いを高め合う関係になれればいいと考えています。壮大な目標ですが，アスリートに対する社会の認識を変えていきたいと思っています。そういう意味で，私自身ももっとビジネスの世界で活躍して発信していきたいと思います。

工藤：社会が変わればアスリートが変わるのは必然ですね。では最後に，最近ではアスリートが問題を起こしてメディアをにぎわすことも増えたように思います。アスリートが社会にネガティブな影響を及ぼしてしまうこともあります。その点，アスリートの立場からはどのように考えていますか？

東明：なでしこ時代，コーチや監督からは日本代表という自覚を持つようにと言われましたし，服装や言動なども意識していました。アスリートは注目が高まればその分の責任がありますが，そもそもアスリートである前に1人の人間としてやってはいけないことです。その価値基準や良

識さえも育たないのは問題です。ですので，スポーツしかやらせずに社会への責任や良識を持たないアスリートを育ててしまう環境があるとすれば，コーチや指導者など教える側の考え方も含めて，改善しないといけません。

　ただ，あえて最後につけ加えるならば，アスリートなどの有名人に対しては何を言ってもいいという今の社会の風潮には反対です。一般的な大多数の意見とは違うことを考え発言するアスリートがいたとしても，それを糾弾するのではなく，ダイバシティの一環として受け入れることも社会が成熟するために重要だと思います。自分で考え，自分の意見を発信し，行動することに寛大であってほしいと思います。アスリートとしてさまざまな経験をしたとしても完璧な人間などいません。トライアンドエラーを繰り返しながら，意見を発信して行動し続けるところから，社会を変える何かが生まれてくるのだと思います。会社であっても同じで，アスリートが急に会社に入ったら初めは異質な存在かもしれません。しかし，それが会社を変えるスパイスになるかもしれないのです。その芽を摘まずにむしろ大切に活かしてもらえたら，アスリートと社会の素敵な関係がもっとたくさん生まれるのだろうと思っています。

対談4 山口 香氏 × マクリシュ・ヘザー氏
「スポーツの変革力」

左から,マクリシュ・ヘザー氏,山口 香氏

対 談 者

山口 香氏
　元柔道選手。ソウルオリンピック日本代表,世界柔道選手権優勝。現在,日本オリンピック委員会理事,全日本柔道連盟女子強化委員,筑波大学准教授,コナミホールディングス株式会社取締役。

マクリシュ・ヘザー(McLeish Heather)氏
　EY新日本有限責任監査法人アカウンティングソリューション事業部シニアマネージャー。

＊以下,敬称略。

1 スポーツを通じた意識改革

ヘザー：私はテコンドーをやっていたこともあり，同じマーシャルアーツである柔道出身の山口さんのお考えやご経験にとても興味があります。今日は一緒にスポーツが社会の変革にどのように活かすことができるかをともに考えたいと思います。早速ですが，山口さんは日本人女性として初の柔道の世界チャンピオンになりましたが，当時はどのような苦労がありましたか？

山口：当時の日本は，スポーツの分野だけでなく，女性が社会で活躍するということが欧米に比べると遅れていたと思います。私が柔道を始めた当初は女性の柔道家が少なく，やりたいと思うことがなかなかできない環境でした。「女だから」という周囲の意識が壁にもなっていました。たとえば，世界選手権やオリンピックといった世界大会で勝つためには，さまざまな国際大会に出場したり海外へ練習に行ったりして，海外の選手の柔道を学び，進歩していく必要があります。しかし日本国内では海外の選手と柔道をやる機会がほとんどないため，私たちは大きな大会に出場して初めて海外の選手と試合をするという状況でした。日本の選手と海外の選手の柔道はまったく違います。

　また，試合に勝つためには柔道自体の技術だけでなく，さまざまな「スキル」が必要です。たとえば，海外での大会の雰囲気に対応するスキル等も含まれます。海外の選手は，お互いの国々を行き来する友人同士であり，私たちから見るとすごく堂々として見えましたし，私たちだけその輪のなかに入れないように感じることもありました。私たちはおそらく柔道の技術としては世界との差はそれほどなかったと思います。しかし，それ以上に世界大会で結果を出すための「スキル」という面におい

対談4
「スポーツの変革力」

て世界との差を感じましたし，それが日本の女性が世界大会で結果を出すまでに時間がかかった理由の1つだと思います。

ヘザー：もともとは日本の国技である柔道が世界中に広がるなかで，地域によって独自の柔道スタイルが生まれていきました。それが，柔道という競技自体を変えることもあります。このような変化は柔道にとって，良いことだと思いますか？

山口：おそらくスポーツだけでなく違う分野でも言えることですが，違いはあった方がいいと思います。その違いがあるから見ている人も楽しめます。たとえば，同じサッカーでも，その国のバックグラウンドや文化には違いがあって，それがサッカーの違いとして反映されていると思います。違いがあるなかで競い合うことが，スポーツをより魅力的にしますし，選手にとってもチャレンジになると思います。その一方で，大きな根っこのところの基本的なところは世界中で同じです。たとえば，ヘザーさんがされていたテコンドーでも，本質的なところでは共通の認識がありますよね。そのうえで各国の地域のスタイルがあれば，その違いを受け入れて楽しめるのではないかと思います。スポーツの場合は1つのルールがありますので，フェアに競い合えます。一般のビジネスの世界では，スポーツと違ってルールが国によって違うこともあります。それがビジネスをより複雑で難しくしている要因の1つだと思います。しかし，グローバル化が進めばルールが標準化され，そのなかでフェアな競争が可能になるのかもしれません。共通認識としてルールに合意ができるかどうかが，これからの未来を決めていくのではないかと思います。

　スポーツの素晴らしさとして，フェアな環境のなかでこれまで見えなかった可能性を見せてくれることがあると思います。たとえば，先進国ではスポーツにかけられるお金も豊富で，スポーツをやる環境も恵まれているかもしれませんが，一度同じルールのうえで競い合えば，発展途

第Ⅱ部　スポーツの可能性を考える

上国の選手が勝つことも多々あります。私はそういったところにスポーツの価値を感じることがあります。

ヘザー：とても示唆に富んでいると思います。私は，スポーツは人々の壁を壊すことができると感じています。たとえば，イギリスで人気のあるラグビーやサッカーはかつて労働者階級のスポーツでしたが，今は変わりました。スポーツにおいて，機会を平等に与えるということが大きな魅力の1つだと思います。山口さんは，オリンピックも含めて多種多様な人々が集まって1つのスポーツで競い合うことについてはどのように感じていますか？

山口：柔道の畳の上に立っている真剣勝負の瞬間においては，お互いのバックグラウンドなどは意識していなかったです。でも，ここがスポーツのいいところの1つだと思いますが，試合が終わった後に話したりしてお互いのことをわかり合い，友人になれます。柔道という1つの競技のために，世界中の人が試合会場に一同に集まって，同じ目的に向かって競い合いわかり合えるというのはとても素晴らしいことです。世界は1つとまでは言いませんが，世界は1つになれるという可能性を実感できると思います。2016年のリオデジャネイロオリンピックの女子柔道では，7つの階級すべてが異なる国からの金メダリストでした。その事実からもわかるとおり，今の時代は世界中のどの国でもチャンスがあるということが証明されたと思います。もちろん心のなかでもっと日本が強くなってほしいとも思いましたが，柔道界の長期的な発展にとってはさまざまな国から強い選手が誕生したことはとても嬉しいことでした。

ヘザー：それは素晴らしいことです。今は海外の女性の方が日本の女性よりも柔道に親しんでいるかもしれません。私自身もテコンドーをしていましたが，アメリカでは武術を習うことは一般的で，特に女の子を持つ両親が娘に習ってほしいと思っているのではないでしょうか。アメリカ

対談 4
「スポーツの変革力」

でも人々の考え方が変わることに少し時間はかかりましたが，今では女性も男性もいろいろなスポーツに親しんでいます。

山口：柔道から学び，柔道をやっていて良かったと感じられる大きな要因の１つとして，セルフコンフィデンスを持てることが挙げられます。柔道というのは，マットに立ったら，１人で戦わなければなりません。どんなに強そうな相手でも立ち向かっていかなければいけない。怖さを克服して立ち向かうことによって，単なる勝ち負けだけではなく「あ，できるのだ」という自分自身の発見と自信が生まれます。

　私がこの自分の力を信じることができるようになったことは，違うキャリアでも役に立ちました。日本の女性はすぐに「いえ，私なんて」と言って遠慮してしまうところがあり，常に２番手，３番手くらいの感覚に止まってしまいます。「私がやります」とリーダーシップを持つ感覚や，そうなりたい意思を持った女性がまだまだ少ないように思います。女性自身がもっとやれる，やってみよう，というマインドセットが必要です。能力はあるわけですから，それをなかに収めずに自らアウトプットすることです。柔道などの武術では，あの技をかけてやろうといった自分の意思を持たないと何も始まりません。守っているだけでは絶対に勝てません。自分を出すということが大事です。表現すること，アウトプットすること，それを体感するのに柔道はとてもいいと思います。だからもっと若い人に，特に小さい頃に，ずっとではなくてもいいので，やってみてほしいと思います。それは，柔道に限らず空手でもテコンドーでもいいと思うのです。

ヘザー：確かにそれは私たちが抱えている問題のひとつです。アメリカでは私は，自分に自信を持つべきだという価値観のなかで育ってきました。あなたはもっとトライをして，競争心を持つべきだと言われました。日本ではアメリカに比べると人々は競争心を持っていないように見えます。

第Ⅱ部　スポーツの可能性を考える

特に女性は「花のように可愛くなりたい」というタイプが多い気がします。花にならなくていい，強くなりなさいと思う私は，山口さんの考えに同意します。スポーツは，若い人が自分自身をどう見るのか，その見方を変えてくれます。山口さんのような世界レベルに到達しなくても，自信を持つことはすごく重要です。スポーツにはそれを学ぶことができる確かな力があるでしょう。

2 スポーツがもたらす社会のブレイクスルー

ヘザー：次にアスリートについて質問をしたいと思います。スポーツでは，スーパースターの存在が変化をもたらすことがよくあります。たとえば，タイガーウッズはゴルフのイメージを一新させました。彼の登場以前からゴルフはもちろん人気のスポーツでしたが，ほとんどの若い人は，おじさん向けのスポーツだと思っていたところがありました。それを彼の魅力的なプレーが変えました。彼は文化を変え，社会を変えました。そこで伺いますが，アスリートがスポーツ，コミュニティ，社会に対して持っている責任とは何だと思いますか？

山口：タイガーウッズは，ゴルフをエキサイティングなスポーツにしました。彼は，ゴルフを通じて鍛えた肉体と強い意思や姿勢によって魅力的なプレーを見せてくれました。それによってゴルフそのものの魅力に，多くの人が気づき関心を持つようになりました。そのことからもわかるように，スポーツはとても短い時間で人々の意識を変え，ブレイクスルーを起こすことができます。

　たとえば，柔道で私が活躍したことによって，女性は弱いもの，女性は守られるべきもの，女の子に厳しいことをやらせてはダメ，そんな苦

対談 4
「スポーツの変革力」

しいことさせなくていい，という考え方に一石を投じられたのではないかと思います。人々の意識を変えるためのきっかけを，わかりやすく見せてあげることができるのがスポーツだと思います。例を挙げていくと切りがないのですが，ヒーローやヒロインが現れることによって，社会の価値観を一気に変える，そういう力がスポーツにはあると思います。スポーツが社会変革を起こす力を発揮していくには，その力をアスリートたち自身が認識し，自らがそれを実現できる存在だという意識を持つことが非常に大事だと思っています。だからこそアスリートは，単に金メダルを取ることだけが社会のためになるのではなく，人々はアスリートのプロセスや戦う姿勢を見ることでインスパイアされるということを意識しなければなりません。

ヘザー：それはとても素晴らしいことですし，チャレンジングなことです。アスリート自身だけでなく，見る側の姿勢も大事なのかもしれません。アスリートは，各種のメディアでも追われますし，ファンは彼らの私生活にまで興味を持ち始めます。それはもしかすると彼らの本業を邪魔しかねません。山口さんはこの点についてどう思いますか？

山口：これはすごく難しい問題ですね。スポーツは見てもらって，ファンが増えて，応援してもらうというサイクルがあり，そのためにメディアの役割は外せません。メディアとともにスポーツが発展してきた歴史があります。しかし，メディアとの距離感は難しいです。アスリートも社会に与える影響の大きさを考えると，政治家などと同じ公人です。だから覚悟は必要です。ただ，忘れてはいけない大事なことは，人々やメディアがアスリートをリスペクトするということです。それがあれば，選手とメディアの間で引かれたラインはお互いに超えないと思います。そこがうまく保たれればすごくいいなと思います。

ヘザー：時にアスリートは単なるアスリートではなく，1つのビジネスの

一部として,アスリートのイメージを使ってモノやサービスを売ろうとします。この議論は長い間繰り返されていましたが,ビジネスのためにはアスリートは完璧な人間ではないといけません。しかし完璧な人間などいないのです。高いレベルで戦っているアスリートは大企業の広告に出るようになり,たくさんのお金が動きます。お互いに高い認識を持てるといいですね。

3 スポーツとビジネスの関係

ヘザー:少し話題を変えてビジネスの視点から話しましょう。日本でもプロのスポーツリーグが増えておりさまざまな話題を提供しています。こうした動きをどう捉えていますか？

山口:スポーツがプロ化することよるメリットに目を向ければ,うまくなりたいと思う人たちはうまい人たちにあこがれるところから始まりますから,人を惹きつけ,広く魅せられるようになるためには,プロフェッショナルになることはすごくいいことだと思います。

　一方で課題もあって,プロフェッショナルのアスリートであるためには,その振る舞い方や意識について教育が必要だと思います。

　日本ではまだプロフェッショナルの歴史が浅いために,アマチュアとプロフェッショナルの境界線が曖昧なことが多いです。トレーニングや競技の技術的な部分はプロフェッショナルだと思いますが,本当のプロフェッショナルというのは,人から見られることの意味や,自分の言動が与える影響についても高い意識が必要です。日本のアスリートはそうしたことを十分に教えられていないと思いますし,その必要性を周囲も認識していないでしょう。スポーツの組織のガバナンスも含めて,まだ

対談 4
「スポーツの変革力」

まだアマチュアだと思います。

　今まで日本のスポーツは，プロフェッショナルではなかったこともあって，アスリートに対するリスペクトが欠けてしまう反面，スポーツ界全体がスポイルされていたのかもしれません。アスリートが何か問題を起こしたとしても話題にはなりますが，「まあいいか。スポーツだし。スポーツ選手だし」という風潮があったと思います。プロフェッショナルというのはそういうことではありません。お金も動くし，与える影響も大きく，そういう甘えは許されないわけです。こういう言い方をすると，もしかしたら，メリットよりもデメリットの方が大きく感じるかもしれませんが，私たちはそれを理解したうえでチャレンジしていかなければならないと思います。表面的なところにあるきれいなことばかりを見て，反対側の本当にやらなければいけない大事なものを見ないふりしていてはいけません。そこをしっかりと考えないと，スポーツ自体が日本のなかでダメになってしまう可能性さえあると私は思います。

ヘザー：プロフェッショナルは，スポーツだけではなくビジネスの世界においても重要です。プロフェッショナルには，社会やビジネスからの一定の期待があり，それに応えるからこそプロフェッショナルはリスペクトされるものです。真のプロフェッショナルのアスリートは，ただ楽しいというだけでスポーツに取り組むのではなく，スポーツの最高な部分を人々に魅せる責任があるといえるでしょう。アメリカだと，スポーツカーのドライバーがプライベートでひどい運転をしていたら，彼らは一般の人以上に非難されて当然です。プロのレベルに居続けるためにはプライベートにも高い意識を持たなければいけません。社会への責任を自覚するという点で，日本のスポーツはまだプロフェッショナルのレベルに到達する過程にいるのでしょう。

　さて，次にアスリートから企業に目を向けたとき，最近ではたくさん

の企業，特に日本の企業はスポーツとのつながりを持ちたいと考えていると感じています。私は企業の持続可能性，社会的責任やCSVに関する支援コンサルタントをしていますが，彼らはスポーツをCSRやプロモーションに使用したいと考えています。スポーツに投資すれば，自分たちの企業が良く見えると思っている経営者は大勢います。私はここに良い点も悪い点もあると思いますが，山口さんは，企業がスポーツに積極的に関与することについてどう思いますか？

山口：確かにそういう傾向にあると思います。2020年に東京オリンピック・パラリンピックがあり，小さい企業から大きな企業までスポーツへの関わりを意識するようになってきていると思います。ただ，その傾向のなかで，たとえばみんなが乗っている車にとりあえず乗り遅れないようにしようとしているだけで，なぜスポーツと関わるのかということを深く考えられていない人が多いと思います。そのため，一過性の流行がすぎ去ってしまうとその意識は消えてしまい，カルチャーとして根づいていかないという恐れはあります。

　私は，スポーツがコミュニティに根づいて文化になってほしいと思います。アメリカのベースボールチームは，長い歴史のなかでスポンサーは変わっても，ニューヨークヤンキースの本拠地はニューヨークですし，シアトルマリナーズはシアトルです。誰がスポンサーをしていても関係ないのです。私は企業が，地域に根差した文化になるものをつくる手助けやサポートをするためにスポーツに関わってもらえたらありがたいなと思っています。自分の会社のPRのため，もちろんビジネスであるからそれは当然の経済活動であると思うのですが，それは部分的であると思います。CSRとしてスポーツは，社会に貢献するものなので，私たちもほんの少しだけでもアスリートを応援したい，あるいはチームを応援したいと思ってもらえるように，私たちもサポートを行う必要があると

思っています。

ヘザー：私は，日本のスポーツチーム名に企業名がついているのを見たとき，なんとなく違和感を覚えました。私はボストン出身ですが，私たちはレッドソックス（プロ野球チーム）やセルティックス（プロバスケットボールチーム），ブルインズ（プロアイスホッケーチーム）に，パトリオッツ（プロアメリカンフットボールチーム）を持っていて，すべて市や町，州の文化に結びつけられています。つまり，チームはスポンサーや企業だけのものではないのです。

アメリカのスポーツにももちろん抱えている問題がありますが，アメリカではビジネスとスポーツを独立して考えることができることは良いことだと思います。ビジネスがスポーツに深く入り込むことで，スポーツの方向性をビジネスの方向性に合わせるために曲げてしまい，結果スポーツ自体に悪い影響を及ぼすとし，大きな問題にもなりかねません。ある程度，スポーツとビジネスは独立していることは重要だと思います。そして，企業がスポーツに関与することで，コミュニティへの貢献と，ビジネス上の利益が一致すれば素晴らしいと思います。そのためには，企業のビジョンやミッション，経営理念というところから，スポーツに関与することの目的や手段を選択することがビジネスとスポーツの良い関係を築く第一歩ではないかと思います。

文化は流行ではなく，長い年月をかけてつくられるもので，そこに企業が確かなサポートを行うことができれば，企業のサステナビリティの強化にもつながります。日本でそのような企業のCSR活動のあり方を語るのは時期尚早かもしれませんが，アメリカでは，たとえば全米大学スポーツのようにコミュニティレベルのスポーツがたくさんあり，とても素晴らしいと思っています。

4 2020年に向けて

ヘザー：日本ではオリンピック・パラリンピックを控えていますが，山口さんは，オリンピック・パラリンピックが日本や東京のためになると思いますか？

山口：スポーツは，その国自身を反映する鏡だと私は思っています。だから，日本のスポーツが抱えている問題は，日本という社会が抱えている問題であると思います。たとえば，私は海外に柔道の指導に行くことがありますが，指導の最中でも小さな子供であっても自分の考えを主張します。そうしたことができるので，日常の会話のなかでも意思疎通がしやすいです。一方，日本人の子供はスポーツをするうえである程度の年齢になるまではそういうことが求められません。それではほとんど会話が通じない。そういう問題が，オリンピック・パラリンピックで見えてきたらいいなと思っています。

　サッカー界の岡野俊一郎氏は，IOCO国際オリンピック委員会の委員もされて役員もされた方ですが，彼が生前講演で，オリンピック・パラリンピックやワールドカップは，世界の窓ということをおっしゃっていました。だから，それを日本で開催するということは，私たちが，世界に窓を開くということと同義です。一回窓を開いたら，それが終わるまで，閉じることはできません。これを家にたとえるなら，外の世界に扉を開けて，いろいろな人たちを招き入れるということです。そうなると，家族ということでいろいろなことを大目に見てもらって許されていたことがあることに気づかされるでしょう。

　1964年の東京オリンピックから50年以上が経過しています。たぶんそのときも窓を開けて世界の人々に出会い，これからはスポーツでも

対談 4
「スポーツの変革力」

ビジネスでも，この人たちと平和な形で競い合っていくのだということを感じられたのだと思います。世界の人たちが一堂に 1 つの場所に集まって入場行進をし，同じスポーツで競い合い，ともに見て楽しむということを経験して，世界は平和的に競い合って成長していけるとより理解できたのではないでしょうか。そして，そのなかで日本はどうやっていくのかということもより深く考え，議論できたのだと思います。その結果，今の日本があります。あれから，また扉を閉めて大した掃除もせずに 50 年という歳月が流れたわけですから，溜まっているものがたくさんあるはずです。開けてない棚とかがあって，そこにはいろいろなものが詰まっているけれど，整理するのは大変そうだからとりあえず閉めておこうというものが日本にいっぱいあるのです。でも，だからこそそこを世界の人たちにも手伝ってもらってこじ開けてもらえばいいのです。

　オリンピック・パラリンピックを開催するということは，世界のなかでこれからの 50 年，100 年，日本がより良い国として発展していくために，きれいなところやいいところは残しておいて，溜まっている埃などを 1 回出して，もっときれいにしようという作業だと思っています。国立競技場やエンブレムの決定だけでも，その過程でいろいろな問題が生じました。私は，オリンピック・パラリンピックに期待されることは何かという質問をされることが多いですが，その際には「皆さん期待してください。オリンピック・パラリンピックまでには問題が山ほど出てきますよ」と答えるようにしています。でも，出てきたものに対して，解決していこうと思えば，そこに発展があるのです。大事なのは，日本人の 1 人ひとりが，オリンピック・パラリンピックに向かうなかで，「あそこの組織で起きた問題だけど，実は自分たちも同じようなことやってしまっている」とか「あの人が指摘された問題は自分にも起こり得る」あるいは「自分もそうだ」と，向かい合うことです。オリンピック・パラ

第Ⅱ部　スポーツの可能性を考える

リンピックまでに向かい合って，そして，直せるところは直していこうという姿勢をどれだけ見せることができるかで，このオリンピック・パラリンピックが日本に来た意味や価値が決まるのではないかと思っています。スポーツの祭典ですが，そういう大きなきっかけがないとなかなか変わることは難しいものです。私はそこに期待をしています。だから，海外からも悪いことがあればどんどん指摘していただきたいと思っています。

ヘザー：海外の多くの人は，日本に対して少し古いイメージを抱いているままだと思います。いまだに日本に来るときは侍や忍者，芸者と会えることを期待しています。そうした海外からのイメージもオリンピック・パラリンピックを機に新しいものにアップデートされるのだと思います。もう1つ思うのは，日本の企業やアスリートはまだまだ世界と比べると遅れている側面が残っていて，古いものに固執しているところがあると思います。オリンピック・パラリンピックを通じて，日本の若い世代が目を覚ましてくれることを願っています。

通常の旅行者の滞在期間は3日や4日程度のことも多いですが，オリンピックの開催時には日本に長期間滞在するでしょう。そして，地方にも足を延ばすことでしょう。東京だけではなく，日本の地方も多くの海外からの旅行者と出会い，受け入れることになります。私はパラリンピックもとてもインスピレーショナルなので楽しみにしているのですが，日本の障がい者は従来からある困難にいまだに直面していると思います。まだ社会全体が障がいを持つ人々を十分に受け入れられているようには感じません。この機会を通じて，多くのパラリンピアンが注目され，日本社会が前進することを願っています。多様性というのはとても大事なことです。多様な人材を活かすことが社会の発展につながるため，各国がそれに取り組んでいます。

対談4
「スポーツの変革力」

5 アスリートへの適切な指導アプローチ

ヘザー：オリンピックの話からは少し離れますが，アスリートのセカンド・キャリアもまたそうした流れの1つかもしれません。山口さんには2つの成功したキャリアがありますが，このことについてはどう思いますか？

山口：私のセカンド・キャリアの成功は，ファーストキャリアにおいて与えられた環境とつながっていると思っています。日本は，かつて企業スポーツという日本独特のスタイルを築いていて，それがアスリートの引退後のセーフティネットとして機能していたといえます。一方で，最近はプロフェッショナルな環境が進んでいます。そこで，セカンド・キャリアの重要性に関心が高まってきたのだと思いますが，日本はまだアスリートのプロフェッショナルとしての意識が低く，甘やかされてきているところも多いせいか，終わってからも誰かが何とかしてくれるだろうという意識がアスリート側にもあるように思います。

　本来，スポーツをやるということとは別に，自分の長い人生をどう描くのかということを考えることが必要だと思います。長い人生を考え，スポーツでのキャリアが終わった後にこれをやろうというプランを描くことは，当然なくてはならないものです。しかし，日本のスポーツ界はアスリートに対して，こうしたことを考えるための材料を十分に提供していないように思います。たとえば，昨今とても若い選手が卓球などの競技で活躍しています。その子たちは今とても満足していると思うのですが，一方で彼らを支える私たちが，長い自分の人生プランの観点から今やらないといけないことがあると教えることも必要なのです。

　私は，スポーツさえしていればいい，スポーツ以外はさせない，という大人の態度は，その子たちの学ぶ権利を奪っているとさえ思います。

第Ⅱ部　スポーツの可能性を考える

81

20歳や30歳までスポーツしかやってこなかった人が急に引退後のことを考えようとしても難しいでしょう。現役のときからスポーツ以外のことも考えて，セカンド・キャリアのスキルの芽のような可能性を持たせることが重要です。義務教育の年齢のときに，あなたはスポーツでいくのだから数学なんかできなくていいよ，本なんか読めなくていいよ，と大人が言うのは違うと思います。もし，スポーツしかやってこなかったとなると，その人は，引退したときに社会の輪に入れなくて，今まで何をやってきたのだろうと立ち止まってしまうかもしれませんし，やってきたスポーツさえも否定してしまうかもしれません。ここは親も含めて，意識を変えていくことが重要だと思うのです。

ヘザー：アメリカでも同じです。もし，何かのスポーツが得意だったら，親はそれ以外のすべてのものを排除しようとしがちです。英語で「Dumb Jock」という言葉があるのですが，それはスポーツでは活躍できるけれど，それ以外のことではまったくダメな人のことを指します。一般常識がなくて，自分の銀行口座さえどうしたら良いかわからないような人です。

しかし最近では，たとえば大学の奨学金をもらってスポーツをする人は，学業でもいい成績を保たなければなりません。コーチや両親の責任は重大です。子供は純粋にスポーツが楽しいから始めただけなので，もし両親やコーチやコミュニティから良いサポートが得られなかったら，彼らはDumb Jockになってしまいます。スポーツだけがすべてではありません。視野を広く持つことが大切です。

視野という点で，スポーツとアスリートのことを考えるとき，もう1つ重要なのがインテグリティの問題です。もしアスリートが勝つことだけを考えていたら，彼らはもしかすると，不正な行為をするかもしれませんし，パフォーマンスを上げるために，薬物を使ってしまうかもしれ

対談4
「スポーツの変革力」

ません。山口さんはこれについてどう思いますか？

山口：スポーツを何のためにするのか，という根本的なところが重要になると思います。アスリートのインテグリティ，あるいは，そのスポーツのインテグリティを高めていくためには，アスリートだけではなく，周りの人たちのインテグリティがすごく重要です。アスリートの価値観をつくっているのは社会だったり，コーチだったり，親だったりします。その人たちのインテグリティが反映されていくものですので，もっとそのことに注目することが必要だと思います。

　特に，ジュニアレベルでの教育は重要で，各競技の本当に良いコーチはシニアレベルではなくジュニアレベルを教えるべきではないかと思うことさえあります。そこがしっかりしていれば，スポーツ全体がすごく良くなっていくでしょう。私は今大学で授業をしていますが，教えるのは下手なのですがそれで構わないのです。なぜかというと生徒はもう大人ですから全部を教える必要がないからです。わからないことは自分で考えればいいのです。でも，小学生くらいだと教え方が下手だとまったく入っていかないし，場合によってはスポーツを嫌いになってしまいます。教えるコーチや先生が上手だったら，スポーツも好きになるし，好きになれば一生懸命やるので自然とうまくなります。優れたコーチならば彼らが何を目指すかということを伝えることができるのです。

　柔道をつくった嘉納治五郎先生は「自分自身を完成させていくために柔道はある」とおっしゃいました。そして「柔道の相手は，自分のできないことをわからせてくれるためにいるのだ」とも教えています。誰かと試合をやらないと自分の技が良いのか悪いのかもわかりません。相手は自分に教えてくれるのです。だから，柔道では，お互いにリスペクトして「ありがとう」という心を持つのです。相手が一生懸命やってくれたから，自分の弱い心や，足りない技術に気づくことができます。そう

第Ⅱ部　スポーツの可能性を考える

したら，戻ってもう1回練習しようと思いますよね。だから，相手に勝つことが目的ではなく，勝って自信をつけたり，たとえ負けたとしてももっと学ぶことがあることを知って頑張ろうと思うことが柔道の目的なのです。

　もう1つ嘉納先生が言ったのは，「世の補益」です。「世の中のためになることをしなさい」という意味です。柔道はマーシャルアーツなので，相手を倒すという戦いの技術を磨きます。しかし，相手と戦うということが世の中のマイナスになってはダメです。相手を傷つけることが目的ではないのです。そこを間違えてはなりません。端的に言えば「柔道を通して，自分が学んで，その学んだことを社会に還元しなさい」ということになりますが，還元するのは柔道である必要はありません。セカンド・キャリアにもつながりますが，柔道がうまくなるプロセスがわかれば，会社で何かを1つ目標を決めれば，そこに何か向かっていくプロセスも柔道と同じです。それこそがスポーツをやっている意味だと思っています。

　嘉納先生の柔道がここまで世界に広がったのは，勝ち負けを競うだけではなく，こうした深い教えが受け入れられたからだと思います。このようなスポーツをする目的について，きちんと考察し理解していることがインテグリティの問題でも重要です。たとえば，本当に高いレベルに達したアスリートは相手に勝つことよりも，自分の可能性を高めていくことがすごく楽しいはずです。そして，人がそれを見たらあんなふうになりたいと感じてわくわくします。勝つというのは，1つの事象であって，それだけではスポーツが楽しくなくなってします。1人ひとりが何か目的を見出し，その延長線上に勝つということがあれば，負けてもいいはずです。目的もなく，勝つために体罰をするようなことは当然に問題視しなければなりません。お尻を叩かれてスポーツをするということ

対談 4
「スポーツの変革力」

は，もうそれはサーカスと一緒なんです。スポーツの楽しさや，やりたいという気持ちを教えてあげたいし，教えてあげれば，子供は何にも言わなくてもやります。ドーピングなんてしてしまったら，自分はそれを絶対知っているわけですから，勝っても全然嬉しくないし，自分のなかに何も残りません。

ヘザー：勝つことを優先させてしまう現状は，スポーツのビジネス化の「ネガティブな面」を表しているのではないでしょうか。つまり，強くなければスポンサーシップが獲得できません。勝つことはお金を稼ぐことでもあるわけです。このようなビジネス的な要素がスポーツのインテグリティを害してしまうと，スポーツを純粋に楽しむことができなくなってしまうかもしれません。スポーツはアスリートにとって生活の糧であり，家族の生活がかかってきます。

山口：勝ちたいということが，ハラスメントにつながることもあります。コーチは勝たせてやりたいと思うのかもしれませんが，自分の「勝ちたい！」という思いが，選手の「勝ちたい！」という思いよりも先に来てしまっていることもあるのです。選手の勝ちたいという思いをサポートするのがコーチです。選手側からの「コーチ，勝ちたいからもっとこういう風にやってください。もっとこんな風に教えてください」という要望に対して，サポートを提供するのがコーチングのあり方だと思います。

　スポーツをする子供たちの親御さんも同じです。誰のための「勝ちたい！」なのかをコーチたち自身が自分に問いかけないといけません。さらにいえば，スポーツをやっている子供でもパーソナリティや目的は多種多様です。勝ちたい気持ちがすごく強い子もいれば，みんなと楽しめればいいという子もいます。しかし，コーチが一方的に勝ちたいだけのタイプだと，そのチームにいる子供たちはみんな勝ちたい方向にいかないといけません。でも，それはコーチングではなく，ある意味サーカス

のリーダーみたいなものです。サーカスの動物たちは餌をもらうために一生懸命頑張っています。彼らは，良い芸をすることが目的なのではなく，頑張ったらもらえるご褒美のために頑張っているわけです。人間は，コーチに褒めてもらいたいからスポーツをやるわけでも，餌がもらいたいからスポーツをやるわけでもなく，自分の「いいプレーがしたい」「自分を伸ばしたい」という欲求に従っているのだと思います。しかし，そういった選手の主体性や目的を自分の「勝ちたい！」のために歪めてしまっているコーチも多いと思います。そこまでして勝たせても，何もいいことは残らないと思います。

　コーチたちは時に「我慢を教えることが大事」だとおっしゃいます。躾（discipline）のことですね。それでさえ，親のエゴであり，コーチの自己満足です。1つの例ですが，中高の部活動において生徒はすごく礼儀正しくて，挨拶もしっかりしているのですが，時にやりすぎです。

ヘザー：アメリカ人の私からすると確かに too much だと感じることがありますね。

山口：たとえば，部活の顧問が来ると生徒は必ず挨拶をきちんとしますし，山手線のホームを挟むぐらい遠いところにいても先輩が見えたら挨拶をします。ところが，廊下ですれ違う国語の先生には挨拶をしないということがあったとしたらどうでしょうか。おかしいですよね。この場合，彼らは挨拶の意味を理解して礼儀正しくしているのではなく，顧問の先生に言われたからやっているだけなのです。そのような指導の綻びは結局プレーにも出てきたりします。日頃から自分で判断することを迫られていないから，1つ思いどおりにいかないとパニックになってしまう場面が見受けられます。彼らは人に言われないとできなくなってしまうのです。しかし，たとえば，ドイツのサッカーチームで，なぜあの場面でのパスを出したのかと聞くと，少年少女はなぜそのパスに至ったのか多

対談 4
「スポーツの変革力」

かれ少なかれ説明してくれます。その反面，日本のサッカー少年少女に同じ質問を問うと，監督の顔をじっと見るというのです。つまり，監督に対する正解の答えを考えているのです。自分がやったプレーなのに。このような現状こそ日本の問題点を表しているのだと思います。答えは1つではないのです。

　スポーツのインテグリティにつながりますが，自ら判断できるかどうかが重要です。監督の指示に対して，その行為が間違っていると思っていても実行してしまうということは，もうそこに自己の判断はありません。個人が判断することをやめてしまうと，さまざまな悪いことにつながります。この現象は会社でも起こるでしょう。上の人から指示を受けたとしても悪いことだと判断したら，「それは違うのではないですか」と言わなければなりません。私は，指導者にハラスメントをされたと感じたら「嫌だ」と伝えるように，繰り返し選手たちに言っています。監督は良かれと思ってやっていることさえ多いのですが，選手が「NO」と言わないと，自分の指導を良いと思ってくれていると感じてしまうのです。それは，お互いにとって不幸でしかありません。スポーツの意義は，自分でしっかり自分の意識を持って，自分を高めていくことであり，つまりはセルフコンフィデンス（自己肯定）にあります。それは，チームスポーツであっても，個人スポーツであっても変わりません。それが十分にできていないのが現状でしょう。コーチがいないと何もできないアスリートが増えてしまうのです。そのようなアスリートはセカンド・キャリアもうまくいかないでしょう。

第Ⅱ部　スポーツの可能性を考える

6 スポーツから社会へ

ヘザー：アスリートが，監督に依存せず自分自身をコントロールして自己実現していけるようになると，スポーツをやめてもその次の人生を歩むことができます。これはたとえば，アメリカの軍隊でも同じです。多くの方が軍隊に入るのですが，任務が終わったり，引退したりすると，その次の目的を見失う人がいると聞きます。しかし，軍隊にいるときにいろんな機会に対してポジティブに向き合い，いろんなことを吸収していく人は，次のキャリアや目的を見据えることができます。たとえば軍隊で得た技術的なスキルを活かしてIT企業を目指す方がいます。会社でも見受けられるのですが，日本の企業は，従業員を子供のように扱っているところがあって，個人の判断を求めていません。私はそれに憤りさえ感じます。「なぜそんなことまで言うの？私は大人なのだからいちいち指示しないで」と思います。でも，多くの日本人の従業員は，自分たちは会社の指示に応じなければいけないと思っている面が強いです。私はそれはおかしいと思います。それがスポーツの世界から変わっていくといいですね。

山口：スポーツは，社会に良い影響を与えることができます。アスリートがスポーツを通じて1つの良いモデルを見せることができたら良いと思うのです。すでに申し上げたとおり，スポーツをつくっているのは社会です。スポーツと社会は鶏と卵の関係にあって，社会が良くならないとスポーツも良くならない，スポーツがもっと社会に良い影響力を与えていかないとスポーツの価値や意味も伝わらない。両方が良い関係を保ちながら，どちらにも良い影響を与えられるような関係を築きたいと思っています。

対談 4
「スポーツの変革力」

　2020年の大きなイベントに注目が集まる今は，皆が同じ目標を持ちやすいときでもありますので，そこに向かっていく過程で，何か変化やチャレンジしていくことが実現できれば素晴らしいと思います。

ヘザー：本当に素晴らしいです。スポーツの力によって，日本の社会がもっと良くなることを楽しみにしたいと思います。

第Ⅱ部　スポーツの可能性を考える

対談 5 大河正明氏 × 黒石匡昭氏
「スポーツと地域貢献」

左から，黒石匡昭氏，大河正明氏

対 談 者

大河正明氏
　公益社団法人ジャパン・プロフェッショナル・バスケットボールリーグ（JPBL）理事長（B.LEAGUE チェアマン），公益財団法人日本バスケットボール協会（JBA）副会長。

黒石匡昭氏
　EY新日本有限責任監査法人 Financial & Accounting Advisory Service パートナー。

＊以下，敬称略。

1 地域とプロスポーツの関わり

黒石：今日はスポーツと地域貢献というテーマでの対談となりますが，これまでJリーグ（日本プロサッカーリーグ）とB.LEAGUE（男子プロバスケットボールリーグ）の創世記に深く携わってきた大河さんはまさに先駆者だと思います。まずJリーグの当時を振り返っていかがでしょうか？

大河：もともと日本でのプロスポーツというのは，相撲もありましたが，Jリーグが発足するまではプロ野球がその代表格で，プロ野球イコール親会社の広告宣伝媒体としての役割を担っていたと認識しています。基本的には，大都市圏にある鉄道会社やメディア，新聞社といった親会社が自社の広告価値媒体としてプロ野球を活用するというように，どちらかというと会社の一部門としてプロの野球選手を抱えているところがありました。それが平成5年にJリーグが誕生することによって「地域に根差したスポーツクラブ」が掲げられるようになり，鹿島や清水といった大都市圏とはいえない地域にクラブができて，市民と自治体と企業とが三位一体となってクラブを支えるという構図ができたのです。これが，ここでいうところの「スポーツと地域貢献」の第一歩だと思います。

黒石：先日Jリーグ初代チェアマンの川淵氏が，講演のなかで鹿島アントラーズの昔の思い出を語っていらっしゃいました。（リーグ加盟のために）「屋根つきの15000人収容のサッカー専用スタジアムをつくれるか」という投げかけを，当時の茨城県知事や鹿嶋市長が覚悟を持って受け止めたことで1つのブレイクスルーが起きたそうです。今やリーグを代表するチームになりました。本当に素晴らしい事例ですね。

大河：力強い第1歩でした。Jリーグは平成5年に開幕しましたが，第1

対談5
「スポーツと地域貢献」

フェーズといえる期間のなか,平成7年から平成9年に私はJリーグにいました。当時の大きな仕事の1つとして1リーグ制から2リーグ制に移行する議論をしており,平成11年にはJ1が16チーム,J2が10チームの計26チームで2リーグ制がスタートしました。それまではJリーグは,鹿島や清水を除くと,東京,千葉,埼玉,横浜,名古屋,大阪,広島といった大都市圏が中心でしたが,J2ができたことによって爆発的に地方の中核都市にもさまざまなクラブができました。今では38の都道府県に54のクラブがあります。そして,このときからJリーグの発展の第2フェーズが始まったと思っています。第1フェーズのJリーグというのは,親会社のあるクラブがほとんどで,その親会社が代表格としてクラブを支援しながら自治体や市民ともつながっていました。第2フェーズからはどちらかというと市民と自治体が主体となってクラブを持ちたいという形に変わってきました。このあたりから地方との向き合い方が大きく変わってきたと思います。さらにJリーグクラブのホームタウンの自治体が自発的に集まって自治体連絡協議会という組織をつくり,自治体にとってのJリーグクラブの存在意義というのを考え始めるようにもなりました。

そういった流れを受けて,バスケットボールも平成17年にbjリーグ(日本プロバスケットボールリーグ)が誕生し,近年はプロ野球も地域色を出してきています。さまざまなところで地域とプロスポーツが関わる時代に変わってきているということを実感しています。

黒石:Jリーグをはじめ B.LEAGUE もホームタウン化を進めていますよね。それによって当然のことながら産業的な側面での貢献もあると思いますし,自分たちの地域にクラブがあるというある種の「誇らしさ」のような心理的な側面での貢献や,子供たちに与える影響などもあると思います。大河さんは,「スポーツが地域に貢献する」ということをどのよ

うに捉えていますか？

大河：たとえば，地方にクラブができると，地元の大きなイベントやお祭りに日頃プレーしている選手が参加するようになりますよね。それから学校訪問もそうですし，介護施設や老人ホームもそうですが，そういったところへの訪問が日常的に行われるようになります。そういった活動を通してクラブやプロの選手たちが地元にしっかりと根づいているということが，そこに住まう人々の「誇り」になったり，「おらがチーム」という気持ちにさせたりという意味で，精神的な貢献度というものは大きいのではないかと感じています。

また雇用の促進などの産業的な貢献もありますが，これはどのくらい経済効果があるのかを数値化することは簡単ではないでしょう。たとえば，Jリーグにモンテディオ山形というチームがあります。天童市にスタジアムがあって，天童市と山形市をホームタウンにしています。モンテディオ山形が初めてJ1に昇格した年の浦和レッズでは，浦和から6000人くらいアウェーのサポーターが天童市に来ました。浦和レッズは最も人気のあるチームの1つです。人気チームとの対戦ではアウェーから数千人単位のサポーターが応援に来ます。さらにナイターの試合だとアウェーのサポーターは泊まらなければなりません。そうすると天童市周辺の宿泊施設にはお客さんが入ります。また，試合が土曜日の午後だったりすると，午前中は天童市周辺の観光地にアウェーのユニフォームを着たサポーターが観光している姿も見ます。そういったところでの経済的な効果は集計し切れませんが，確実にあると思います。

黒石：経済的な効果の部分で，観光に関する「ツーリズム」や「スポーツツーリズム」という概念も定着してきています。プロスポーツの運営側は自治体との連携がますます重要になってきますし，自治体側に観光資源としてのプロスポーツを改めて考えていただくことが必要になります。

対談5
「スポーツと地域貢献」

そのあたりはB.LEAGUEの動向はいかがでしょうか？

大河：B.LEAGUEは，開幕当初はスポーツツーリズムといえるほどアウェーに大勢のファンが移動するというところまでは定着していませんでしたので，アウェーでファンを見ることは少なかったですが，開幕からしばらく経ってくると多くファンが足を運んでくれました。特に，地方の人気チームが東京で試合をするときは，大勢のファンが駆けつけています。Jリーグの規模感とは違えどもツーリズムが起こり始めていることは間違いないと思います。従来の企業文化型のチームと地域に根差したチームとの相違点といえば，やはり，「地元のチームだ」，「自分たちのチームだ」という応援の意識に変わってきていることでしょう。B.LEAGUEでもこの流れが広まっていくことを期待しています。

2 スポーツ施設を通じて地域を活性化させる

黒石：自治体では，どれくらい戦略的にスポーツを町おこしに活用しようとしているのでしょうか？

大河：スポーツに関する政策は多くの自治体が掲げてはいます。成功の鍵はそこにどこまで魂が入っているかだと思います。スポーツを通じた町おこしや経済の活性化，スポーツをすることでの健康促進といったことはこれまでもずっと言われてきていました。次の具体的なステップの1つとして，自治体が交流人口を促進するために集客装置であるスタジアムやアリーナを，民間と連携しながらつくっていこう，活かしていこうという動きが起きると，地域貢献や地方創生は大きく進むと思います。

黒石：私も地方自治体が関連したプロジェクトを経験しましたが，まさに

おっしゃるとおりだと思います。スポーツを通じて地域を活性化する，地方を創生するという地域の成長戦略には，攻めの意識，姿勢が必要だと感じています。スポーツというコンテンツには，さまざまな政策的な要素がありますが，そのときに体育という縦割りの枠のなかだけの話に止めるのではなく，ヘルスケアなど従来以上に広い側面を見ていくことが必要です。また，スタジアムをつくる，アリーナをつくるということになれば，それは大きな街づくり全体のなかで，商業施設との周遊ルートを整備したり，観光のためのインフラを整備したりということとも関係してきます。そういった複数の要素が交わるスポーツというコンテンツに地域，特に自治体のリーダーがどこまで本気で向き合うことができるかが重要になると思います。自治体のリーダーという立場として，配慮しなければならないことも多く苦労もあるとは思いますが，政策的大義を掲げて，商工会議所の民間企業とも連携しながら広域性を持ってしっかりとみんなで底上げしながらやっていくことが本当に必要だと思います。

　スポーツには広大な可能性がありますので，体育施設を単なる補助金の対象としてしまうのはもったいないです。「スポーツを通じて」ということは皆さんが掲げていますけれども，果たしてどれだけの魂を込めることができるのかという点で私は問題意識を強く持っています。その覚悟が問われるのが，スタジアムやアリーナだと思います。

大河：J2をつくるときにいろいろな地方のクラブや自治体に挨拶に行きましたが，「Jリーグに加盟するといくらお金がもらえますか？」とよく聞かれて，そういう発想なのかと思いました。公園のなかにスタジアムをつくればいくらか補助金がもらえるといった発想はまだまだ残っていると思います。ただそうなると，道路もそうですが，文化施設にせよ，スタジアムにせよ，全部ある意味で同列化してしまって，結局，どこの公

対談5
「スポーツと地域貢献」

共事業に今年は投資しますかといった判断になりかねません。スタジアムもアリーナも，街づくりのなかで，それがつくられることによって爆発的に人が交流したり，スタジアムやアリーナ自体が収益施設化できたりと，そういう観点で物事を戦略的に判断していかなければならないと思います。今まであまり馴染みのない観点だったのでしょう。

　ただ，最近の国の方針として，スタジアムやアリーナを2025年までに20施設つくるという話もあり，風向きはだいぶ変わりつつあります。スポーツがより産業化していくことも見据えると，この1年2年が本当に勝負だと思っています。

黒石： アリーナの建設を考えるとき，周辺の街づくりのあり方から，そこへの交通の置き方，他の商業施設や観光地域との回遊性，周遊性を高めるためにどうやってこの価値を最大化させるかを考える必要があります。また，どうしたらみんながwin-winになれるか，ということを本気で考えないといけません。以前，空港の民営化でも同じような話がありまして，滑走路，ターミナルビル，駐車場のそれぞれが持ち主が異なり，考え方や利害が一致していなかったため，まず目指す先を一元化するという事前の準備プロセスを非常に大事にしました。そこを疎かにしていたら，成功はなかったと思います。

大河： 公共事業は公共事業ですし，民間でお金を集めるとなると税制上の問題もあると思いますので工夫していかなければなりませんが，そういうところも含めて考えられるといいと私も思います。たとえば，アリーナをつくりますというと大概が，アリーナといいながら体育館になっており，さらに，メインアリーナの横にサブアリーナや武道場があります。必ずとは言わないですが，そういう施設は多いです。こうなった瞬間にアリーナ自体での収益化は難しくなります。そうであるならば，区分所有ではないですが，収益化する施設はスポーツの試合だけではなく，イ

第Ⅱ部　スポーツの可能性を考える

ベントも含めて呼び込めるものを念頭に置くべきです。街づくりといったことも考えて観にくる人のための施設でなければならないと思います。

　他方で，サブアリーナや武道場で儲ける必要がないのであれば公共事業として取り組めばいいですし，市民利用であれば体育館でもいいと思います。そのあたりの考え方を事前に整理するプロセスは大切にすべきでしょう。

黒石：B.LEAGUEでは，今後の施設運営についてどのように考えておられますか？

大河：新しく建設される施設も含めてですが，指定管理がいいのか，コンセッションがいいのかはわかりませんが，もう少し事業運営を取れる方法にした方が良いと思っています。ただ，先ほども言ったように，サブアリーナと武道場も含めてコンセッションと言われても，将来キャッシュフローを生まないものでは収益化は難しくなります。

黒石：収益化を考えると「上下分離」が必要でしょう。公共事業と公共サービスとして行う部分や，市民のためのボトムサービスとして取り組む部分と，民間がモチベーションを持って創意工夫のなかで運営する部分とを分ける必要があります。それがイノベーション，新しいアイディア，新しい知恵，施設の有効活用，生産性の向上につながるわけで，今まではそこに自治体が関わりすぎていたわけです。民間に委譲するものは委譲して，積極的にイノベーションに挑戦してもらって，スタジアム，アリーナに関する成功談をどれだけつくれるかが大事だと思います。

　ただ，1つのチームにも人材には限りがあるわけで，ハード施設の設計に詳しい人，オペレーションのノウハウを持っている人，新しいマーケティング知識のある人，イノベーティブなことを起こせる人がいるのかというと難しい部分もあると思います。ですからそこはやはりチーム同士や他の民間同士で連携をしないといけないでしょう。また，ある程

度お金も巡らないといけないと思います。

大河：たとえば100億円をかけるとそれなりのアリーナができると思いますが，それを全額を公共事業で発注すると少し高いのかもしれません。しかし，民間企業が毎年行っている設備投資額と比べるとそこまでの金額ではないと思います。では，その一部を広告宣伝費としてチームのアリーナに出してほしいという話になると，今度はその出資にはその額に見合う価値はあるのかという話になります。たとえば，B.LEAGUEのクラブの親会社が100億円を出資してアリーナをつくって，運営はB.LEAGUEのクラブに任せて，利益が出た分から少しずつ返していくような投資のやり方もあり得るような気はしています。それは，単なる投資の回収という意味だけでなく，企業としての地域貢献でもあるわけです。

3 スポーツ・アクティベーション

黒石：アリーナの建設・運営の新しい形のご提案もありましたが，地元の企業とのこれからの付き合い方，スポンサーとの付き合い方という部分で，今後どのような発展を考えておられますか？

大河：B.LEAGUEの収入源は，「協賛金（広告料）」，それからテレビやネット配信も含めた「放映権」，それから「マーチャンダイジング」といくつかあります。スポンサーとの付き合いというところでは，1番は協賛金で，それに対しては徹底したアクティビティが必要だと思っています。従来は，協賛金を頂戴したらその分の看板広告を掲出して完了というやり方でしたが，このような考え方は変化してきています。リーグは協賛してくれたスポンサーとともに，会社は何にフォーカスして協賛し，そ

れによってどういうプラスの影響を甘受できるのか，ということを真剣に考え抜いて，提案していかないといけないと思っています。

黒石：確かに看板広告を掲載するだけという時代ではなくなってきていますね。経営者もよりシビアになっていますし株主の目も厳しくなってきています。その協賛が企業の本業にどう資するのかというロジックを明確に示していかないといけないですね。

大河：たとえば，B.LEAGUEの試合をネット動画で配信中継することによって，その運営企業はネット会員を追加的に獲得できます。その企業にとっては，B.LEAGUEに協賛することで，バスケットボールを観る人と，プレーヤーにダイレクトにアプローチできます。そうすると，バスケットは60万人の競技者がいてしかも毎年毎年1年ずつ更新していきますので，その企業がアプローチできた人数は，あっという間に100万人，200万に到達しデータも蓄積されていきます。個人情報保護法との絡みはもちろんありますが，われわれが企業に個人情報そのものを渡さなくても，その累積データから企業に資するデータを提供できるでしょうし，企業からこういうデータがほしいという提案をいただいてもいいわけです。

　たとえば，ECサイトで買い物をしているユーザー情報と，バスケットの競技者や来場者の情報をリンクさせることができれば，バスケット関係者のECサイトの買い物パターンがより解析できるかもしれません。そうすればたとえばバッシュなどの新製品が出たときに，そのECサイトではバスケット関係者であるユーザーに対してより効果的なアプローチが可能になります。それこそが企業が得られる価値であって，看板広告の掲載にはないプラス面でありメリットです。そうした発想で，リーグへの出資に対して最大限のアクティビティを見せることで，お互いの利益を見いだせるのではないでしょうか。

対談 5
「スポーツと地域貢献」

黒石：企業も昨今，CSR（企業の社会的責任：Corporate Social Responsibility）からCSV（共通価値の創造：Creating Shared Value）という考え方に進化しつつあります。それに対してスポーツ界としては，どういうアクションがとり得るでしょうか？

大河：オリンピックやワールドカップといったメガスポーツイベントにもスポンサー企業はついていますが，そういったイベントのスポンサーになることを通じて社内外にどういう影響，効果を期待するかということを明確に定義してあげることが重要だと思います。会社のロゴがテレビに出るだけでも社員のモチベーションが上がるという効果があるわけですが，バスケット，サッカー，野球といったスポーツのなかで，地域と密着しながら半年間以上も試合を重ねているところにももっと何らかの価値を見出してもらいたいなと思います。それを提案するのは私たちの役割の1つかもしれませんし，広告代理店にはそういったスポーツの価値をうまくスポンサーに伝えてもらいたいなと思います。そういったこともスポーツを通じた地域貢献や地方創生のひとつだと思います。

黒石：B.LEAGUE自体も地域貢献に取り組まれていますが，その1つにクラブや選手が実施する「B.LEAGUE Hope」という活動がありますね。

大河：「B.LEAGUE Hope」では，オールスターゲームに小児難病のお子さんとそのご家族を招待する活動などから始めています。選手というのは，子供に夢を与えられる存在であると思います。選手が来て話をしたとか握手をしたとかということは，子供たちにとって，一生の思い出になると思います。こういったSR活動は，選手会や選手と合わせながら地道に取り組んでいって，だんだんと大きな活動になっていけばいいなと思っています。

　本当は，地球温暖化などいろいろなテーマも考えていたのですが，いきなり大風呂敷を広げるのではなく，まずは選手会と復興支援や，ユメ

センにバスケット選手が少しずつ関わるなど地道にやっていこうと思っています。昔は，プロの選手とファンとが一緒になって何かを行うのは価値が下がるというような風潮がありました。しかし，現在では，そういった活動が大事だということを選手も理解しています。われわれも選手への研修では「サインしたり握手したりというのはプロとして大事な仕事のひとつだ」と伝えています。試合をすることだけが仕事なのではなくて，地域に出て行っていろいろな行事に参加したりすることも含めて仕事であり，それが選手として認めてもらえることだと思っています。

黒石：スポーツは公共のあらゆる使命を担っているということをはっきり打ち出して，そういう実務の制度化に繋げていかないといけないですね。

大河：チームは公共財であるはずですし，そうあるべきです。株式会社という形態でとってはいるけれども，優先的にスタジアムやアリーナを借りられるということがあります。先ほどのスタジアムやアリーナを建設することをとっても，たとえば，建設するときの寄付は損金に算入できるなどするだけでも変わってくると思います。

黒石：地域による特性はありますか？

大河：やはり，大都市より地方の方がチームへの愛着みを強く感じます。県民歌を歌って試合が始まるようなところもあります。また，大都市で試合があると客層は若く，地方の方が年齢層が高いと思います。サッカーもそうですが，これも1つの特徴ですね。

黒石：こういった活動を地道に行っていくことが大事だというなかで，寄付金だけでは限界があると思います。それこそ企業のCSV活動のなかにスポーツの力を活かすこともできるのかなとも思いますが，大河さんのご意見をお聞かせください。

大河：企業もそういう関心はあると思いますよ。サッカーでもバスケットボールでもそうですけど，地方のクラブのスポンサー企業は広告価値は

対談5
「スポーツと地域貢献」

あまり考えていなくて，CSRとしての認識が強いと思います。地元のクラブがいろいろな地域貢献活動も含めて取り組んでくれているから支援しようというところがありますよね。

4 スポーツとインテグリティの関係

黒石：最後にインテグリティについてお伺いしたいと思います。インテグリティという言葉は，明確に定義があるわけではありませんが，直訳すれば，誠実であるとか，高潔である，ということになると思います。チェアマンが捉えておられるインテグリティというものはどのようなものでしょうか？

大河：八百長もそうですし，反社会的勢力との付き合い，ドーピング問題といろんな問題がありますよね。まずスポーツ選手である前に，一社会人でなければいけないと思います。スポーツ界の弱みといいますか，先輩後輩の関係が結構強いですから，先輩に頼まれるとどうしようもなくて，という部分があるのも否定できません。そういう意味で，スポーツ界は独特なものであるなと思います。

黒石：私は「守りのインテグリティ」と「攻めのインテグリティ」があると思っています。「守りのインテグリティ」は先ほどおっしゃったような，しっかり高潔性を守っていきましょう，国民との信頼関係が1番大事ですから，ということですね。「攻めのインテグリティ」は，公共財として，公共的使命をわれわれは担っているんだ，教育にも，健康福祉にも，町づくり全体にも波及するのだということですね。もっともっと普及・啓蒙していくべきと思っています。

大河：去年，選手に対する研修をやりました。八百長，ドーピングに手を

染めると何が起きるのかというリスク管理も含め「プロフェッショナルとは何か」を考える研修です。これは自分たちのブランド力を上げより良いものにしていくためのベースになるものだと思って実施しています。

　バスケットに関していうとクラブの組織基盤が非常に弱いのが現状です。たとえば，プロ野球ですと職員が100人以上いるところもあって，サッカーでも，選手やスタッフを除いても30人くらいはいます。それくらいの規模になってくれば内部に，コンプライアンス，インテグリティ担当の責任者担当部署を置いてこともできると思います。しかし，バスケットは現状，10人くらいでやっているところもありますから，試合をするだけで精一杯で，その点は1番の弱点だと思っています。こういうものは誰かに見張ってもらってやるというのが本旨ではなくて，自社の人間で自主的にやることが大事なのだと思います。そういうマインドになるための組織体制の整備がまだまだほとんどのチームができていないです。

　これからB.LEAGUEがもっと有名になればなるほど選手は狙われやすくなります。最初は，何とか"さん"と呼ばれて近寄ってこられて，ごはん食べようかとか，いいところ連れて行ってあげるよ，とか言われているうちに，そのうちなんとか"君"になって，それが何回も続いて，呼び捨てになり，気がついたらもう抜き差しならなくなってしまっていたと。だから常に自らの行為を点検していかないといけなくて，門番のような誰かに管理してもらえるという他人事のような意識になるのが1番良くないです。

黒石：あれをしてはいけない，これをしてはいけない，コンプライアンスだと言いすぎて行動を縛り，モチベーション落とすということになってはいけません。簡素で効率的なガバナンスをどうつくれるかというところがポイントです。スポーツは非常に純潔なもので，選手が自分の目標

対談 5
「スポーツと地域貢献」

に向かって努力をしている，そこに対してどれだけ誠実に向き合えるか，というところがインテグリティだと思っています。世間はスポーツや選手に対してそこを期待をしているのではないでしょうか。ですから，それに反すること，期待を裏切ることはやってはダメだよね，ということです。本来自分たちはこういう使命を持っている，こういう役割を担っている，というところの認識を広げていけたら世間を裏切ることそれはできないよね，と思います。川淵さんも，「当たり前すぎるけどビジョンの共有が大事」とおっしゃっていました。サッカー界全体の発展のためにも，バスケットボール界全体の発展のためにもと。ビジョンをみんなが当たり前のように腹にしみこませて，インテグリティを守る，ということが1番の根幹だと思います。

大河：われわれは今，なぜこのB.LEAGUEが設立されたのかという原点に立ち返ることが大事だと思います。日本のバスケットボールが世界に伍して強くなること。バスケットボールに関わる人たちがもっと豊かになること。選手や審判，指導者の価値が報われることが絶対ベースにあって，そのためにこの制度はやった方が良いのか，ということに立ち返らないといけません。そういうところも，ある意味インテグリティといえるのかもしれません。

第Ⅱ部　スポーツの可能性を考える

第Ⅲ部

社会的資源としての スポーツを考える

1 スポーツのレガシー

　第Ⅱ部では，さまざまな対談者の経験に基づいて語られる言葉を通して，私たちの社会におけるスポーツの新しい姿について想いを巡らせました。いずれの対談者にも共通するのは，スポーツを単なる個人の趣味や娯楽としてではなく，私たちの成長を促し社会に豊かさをもたらす大切な資源と捉えている点です。

　近年では2020年の東京オリンピック・パラリンピック開催決定を契機に，「レガシー」という言葉を頻繁に聞くようになりました。国際オリンピック委員会（IOC）は，2002年にオリンピック憲章でIOCのミッションの1つに「オリンピック競技大会の有益なレガシーを，開催国と開催都市が引き継ぐよう奨励する」ことを加えました。それ以来，大会後も開催国や開催都市に残される資源，すなわちレガシーへの関心が世界中でより意識されるようになりました（図表3-1）。

　後にIOCはオリンピックによるレガシーの詳細を「OLYMPIC LEGACY」（2013年）にまとめています。その冒頭には当時のIOC会長の言葉が紹介されています。そこには「開催都市は人間の魂の祝福に満ちた瞬間を世界に発信するとともに，地域や国家の環境，社会，経済に永続的な変化をもたらす唯一無二のレガシーを創造することになる。」（筆者意訳）とあります（図表3-2）。オリンピック・パラリンピックという世界最大のスポーツイベントが社会に幅広くもたらす効能への期待が込められているといえるでしょう。

図表3-1　国際オリンピック委員会のミッション

> 2. Mission and role of the IOC
> The mission of the IOC is to promote Olympism throughout the world and to lead the Olympic Movement. The IOC's role is :
> (省略)
> 14. to promote a positive legacy from the Olympic Games to the host cities and host countries ;

出所：公益財団法人 日本オリンピック委員会「オリンピック憲章」より抜粋。

図表3-2　オリンピック・レガシーへの期待

> "Creating sustainable legacies is a fundamental commitment of the Olympic Movement. Every city that hosts the Olympic Games becomes a temporary steward of the Olympic Movement. It is a great responsibility. It is also a great opportunity. Host cities capture worldwide attention. Each has a once-in-a-lifetime chance to showcase the celebration of the human spirit. And each creates a unique set of environmental, social and economic legacies that can change a community, a region, and a nation forever."

出所：International Olympic Committee「OLYMPIC LEGACY 2013」(2013年) よりJacques Rogge, IOC President（当時）の言葉を抜粋。

　「OLYMPIC LEGACY」では5つのカテゴリー（Sporting, Social, Environmental, Urban, Economic）に分けて，この世界最大のスポーツイベントがもたらすポジティブな影響の内容を説明しています。そこで第Ⅲ部では，広義に私たちの生活をより豊かにしてくれる資源としてのスポーツの可能性をスポーツのレガシーと定義し，識者が対談で語った言葉も交えて考察を深めたいと思います。

　資源と聞くと三大経営資源である「ヒト・モノ・カネ」を思い浮かべる読者の方も多いのではないでしょうか。情報化社会が進んだ現代では，これに情報を加えて四大経営資源ということもありますし，その他にもさまざまな要素が加えられることもありますが，以降では「ヒト・モノ・

カネ」の観点からスポーツのレガシーを整理してみたいと思います。

　なお，「OLYMPIC LEGACY」では，レガシーには有形のものだけでなく無形のものも含まれるとされています。別の表現をすれば，ハード面だけでなく，ソフト面での資源もあるということです。これまでも繰り返し言及されてきたことですが，実はスポーツが私たちの社会にもたらすものにはソフト面が多く含まれています。確かに第Ⅱ部の対談でもソフト面に関する事柄が随所に語られていました。ハードとソフトは相互に作用しながらそのパワーを発揮するものですので，両者を明確に区分することは難しいですし，すること自体に大きな意義は見出せませんが，レガシー（遺産）という言葉から有形のものにイメージを限定されないよう注意を促しておきたいと思います。

▶ 1. スポーツがもたらす人材育成【ヒト①】

　スポーツが人間の成長に大きく貢献することは，特に伊藤氏と山本氏の対談から伝わってきます。スポーツに取り組むことは自分との対話でもあります。そしてそれを続けていくうちに自分を知り，理解していくことになります。その過程がアイデンティティの構築を促すことになるのは山本氏の経験からも伝わってきます。自己と向き合うことを求められ，それに真剣に取り組むことを積み重ねた後には，（自覚の有無とは関係なく）自ずと確かなアイデンティティを形成することになるでしょう。また，山口氏とヘザー氏の対談では，セルフコンフィデンス，自立，自信というキーワードが挙がりました。スポーツは受け身ではいられません。能動的に動き，主体的に考えることを通じて自己肯定感が養われていくことにつながります。

　さらに，多様性という論点が加わります。東明氏と工藤氏の対談から

は，スポーツを通じて多様な価値観が社会を彩る時代になることへの期待が伺えます。個人の確立と，社会の多様性には強い相関関係があるといえるでしょう。他者を受け入れるためには自分自身を受け入れることが必要です。また，他者に受け入れてもらうためには自分自身を表現して伝えることが必要です。いずれも自分が何かというアイデンティティと向き合わなくてはなりません。自分を知り，表現し，他者に受け入れてもらい，自分を認め，他者を知り，他者を受け止め，多様な価値観を肯定し，吸収し，自分を高める，そうしたステップを順不同に繰り返すことにより，個人の確立と社会の多様性が促進されていきます。

　このようなステップは，異なる環境やバックグラウンドを持つ他者とのコミュニケーションによって促され，試合やトレーニングなどさまざまな場面でさまざまな他者とのコミュニケーションが行われるスポーツは，最高の舞台となります。それは山本氏や伊藤氏の経験談でも触れられていますし，山口氏とヘザー氏の対談では，世界中の人々と交流できるというスポーツの魅力が改めて確認されています。スポーツには最低限の世界共通のルールという土台があり，そのうえで個性豊かに表現し合うことができるからでしょう。そのため，スポーツは人格形成の最高の場であることは，その程度に違いはあれども多くの方が認識されているのではないでしょうか。

　スポーツを人格形成の場，いわば教育の場として捉えるとき，いくつか留意しなければならない事項があります。まず，いずれの対談者も，スポーツによって育まれるものとして，我慢，忍耐，根性などの言葉を安易に使っていません。かつてはスポーツの効能として頻繁に言及されることもありましたが，今では精神の鍛錬を直接の目的とするのではなく，あくまで個人の確立に重きが置かれています。その点はしっかりと頭に入れておく必要があるでしょう。

また，指導者に関して随所に言及があります。大渕氏と為末氏の対談では，選手に考えさせる指導者について語られていました。山口氏は特にジュニアレベルでの指導の重要性を説くとともに，勝利だけを追求する指導や個人が判断をやめてしまうような指導をすることの危険性について注意を喚起しています。指導者は，スポーツを通じた人間の成長をよりポジティブな方向に促すことも，逆に阻害してしまうこともできる強い影響力を持った存在であり，そのあり方はますます重要になっています。この点，文部科学省は平成25年5月に運動部活動での指導ガイドラインを作成し，さらにスポーツ庁は平成30年3月には運動部活動のあり方に関する総合的なガイドラインを策定しています。時に指導者個人の偏った価値観に基づいて行きすぎた指導になりかねない，従来の部活動のあり方を見直す改革の第一歩だといえます。

　これらの変化の背景には，社会が求める人材が変わっていること，そしてスポーツに寄せられる期待が変わっていることがあります。現代の社会では，指示を受けてそれを忠実に遂行する能力よりも，自ら考え，能動的に行動することが求められます（もちろん前者も学びとして重要であり，否定されるのでもありませんが）。伊藤氏は，「能動性，貪欲さ，意欲的な行動。スポーツだけではなくどんな現場でも自分の役割を探し出して行動できる人は強い」と言い，為末氏は「社会がますます変化に富み，予測が困難で計画が立てにくくなる時代になるとすれば，どんな状況でも柔軟に粘り強く能動的に行動できることの重要性が高まる」と指摘します。

　さらに，今日では社会や組織においてダイバシティ（多様性）の重要性が説かれ，わが国でも遅ればせながらその概念が浸透しつつあります。より豊かな社会に多様な人材が求められ，そのために多様性を肯定しようという機運が高まっています。上述したとおりスポーツは個性や多様

性に極めて近い親和性を持っています。だからこそ，スポーツがその社会的なムーブメントをリードすることが期待されます。多様なバックグラウンドと個性を持つ選手が1つのチームになって輝く姿は多様性をわかりやすく示す象徴となります。また，伊藤氏の「スポーツは本来もっと個性的なもの」「楽しみ方，取り組み方，目的は人それぞれのものでいい」という言葉には深い意味を成しており，私たちは今一度心に刻みたいと思います。

スポーツは，このように豊かな社会をつくるための要素が詰められており，誰もがいつでもさまざまな方法で学ぶことができます。それこそがスポーツの真骨頂といえるでしょう。だからこそ少しでも多くの人がスポーツに関わることが推奨されます。オリンピック・パラリンピックはその良いきっかけになると期待されます。たとえば，1992年の開催都市バルセロナでは，週1回スポーツをする人が1983年は36％でしたが，1995年に51％に伸びました。わが国のスポーツ実施率は42.5％ですが，スポーツ庁はこれを65％程度に伸ばすことを目標にしています（「平成28年度「スポーツの実施状況等に関する世論調査」について」（平成29年2月公表））。スポーツはするだけではありません。文部科学省のスポーツ立国戦略（平成22年8月）では，基本的な考え方として，スポーツをする，観る，支える，という3つを掲げています。誰もが自分なりのスポーツを楽しみ，自分を確立し，多様性を受容し，より豊かな社会の礎となること，それこそがスポーツのレガシーなのです。

▶ 2．社会的資源としてのアスリート【ヒト②】

前述のとおり，スポーツは社会が期待する人材を育てる最高の場だとすれば，それに取り組み続けたアスリートたちは社会や組織の成長に貢

1
スポーツのレガシー

献するスキルを持つ貴重な資源であるといえるでしょう。今回の対談を通じて強く感じられたのは，対談者たちの心の豊かさと，人を惹きつける個性，そしてお互いに対話を楽しむ対話力とそこから生まれる調和の素晴らしさでした。アスリートに会ってその人間力に魅かれた経験がある読者の方も多いのではないでしょうか。アスリート自身が社会のレガシーであるということを，自覚的に認識し，社会に活かしていく姿勢を持つことが求められます。

　大渕氏と為末氏が言及されていたトップアスリートの感性のすごさは，社会の常識を変えるブレイクスルーを起こす可能性を持っています。東明氏と工藤氏の対談では，なでしこジャパンが社会の価値観を変えるきっかけとなったことが語られています。また，工藤氏は，アスリートが持つ自信，リーダーシップ，目標に向かって最善を尽くす姿勢などはビジネス界のエグゼクティブと共通すると言います。山口氏とヘザー氏は，スポーツが人々の意識を変え，変革を起こし得ると言います。大渕氏はスポーツが人の心を動かすことができる理由を，スポーツが人間の複雑な要素を取り払って人間の純たる姿を表現するからだと考えます。為末氏もまた，シンプルに一生懸命に何かに取り組み突き詰める姿が人間の感性に訴えると分析します。山口氏は，スポーツは意識を変えるきっかけを人々にわかりやすく見せてあげることができる点を指し，スポーツの素晴らしさとして，フェアな環境のなかでこれまで見えなかった可能性を見せてくれることを挙げています。そして，実際にそれらを体現して私たちに伝えているのが，他でもないアスリートたちです。

　そのことを改めて認識すると，私たちはアスリートに対して自ずとリスペクトが生まれます。また，アスリート自身もその可能性に心を高ぶらせます。しかし，現状ではその認識が希薄であることもあって，いくつかの課題に直面しているのも事実です。

第Ⅲ部　社会的資源としてのスポーツを考える

まず，アスリートファーストという言葉をご存じの読者も多いと思います。時に言葉だけが独り歩きして誤った使い方も散見されますが，アスリートのことを第1に考えて物事を判断するというのは，アスリートのためというだけでなく，それによってアスリートの価値を高め，スポーツの価値を高めること（もしくは毀損しないこと）につながります。その結果，スポーツのレガシーを大切にするという社会的な意義でもあるのです。伊藤氏は，アスリートの価値が上がってこそスポーツの価値が上がると指摘し，アスリートが輝くことを望んでいます。東明氏もまた「アスリートの経験やスキルは社会的資源になり得る」と確信し，自身のライフワークにアスリートの社会的な地位を高めることを掲げています。その先にはより豊かな社会の姿を見出しています。

　もちろんアスリート自身の意識改革が必要という意見もありました。山口氏はアスリート自身が社会を変える力を持つ存在であるという意識を持つことの大切さに言及し，ヘザー氏もプロフェッショナルは周囲からの期待に応えてこそリスペクトされるものだと言います。黒石氏もまた公共的使命を負っていることを自覚すべきと考え，大河氏もバスケットボールに関わる人たちがもっと豊かになるという原点に立ち返ることの重要性を述べています。

　また，社会とアスリートのより良い関係を考えるときに興味深いのは，大渕氏と為末氏の対談です。アスリートの感性を突き詰めていくすごさとともに，周囲にはそれを邪魔しないこと，長い目で見ることが語られています。私たちはアスリートたちにあまりに早くから多くのことを求めすぎていることに気づかされます。確かにアスリートはその経験から素晴らしい人格を持つことが多いのは上述のとおりです。また，スポーツの素晴らしさの体現者たるアスリートに，社会のロールモデルであってほしいと期待することは理解できます。加えて近年ではスポーツのビ

ジネス化が進み，利害関係者も増えますので，その中心にいるアスリートは競技的だけでなく人間的にも優等生であることが求められがちです。

しかし，本来アスリートの価値は，人間の究極的な姿を見せることであり，人の心の根っこにある何かを刺激することにあるはずです。だとすれば，それを突き詰めている真っ最中のときに，それ以外の要素を求めすぎることはかえってアスリートの価値を陥れかねません。対談では「文武一道」というキーワードが使われていましたが，アスリートは初めからそうである必要はなく，むしろそれをアスリートに早くから強く求めることは，感性を研ぎ澄まし社会の価値観すら変えるかもしれないアスリートの可能性を阻害してしまうかもしれません。その時点で私たちは社会的な損失を被っているのかもしれません。東明氏もまた，自分で考え，自分の意見を発信し，行動することに寛大な社会であってほしいと期待を込めて語っており，アスリートが多少異質な存在のように感じたとしても，それは組織や社会を変えるスパイスになり得るものであり，その芽を摘まずに活かすことを考えることができれば，アスリートと社会の素敵な関係が生まれるだろうと提案しています。

見る視点や立場が変われば見解もさまざまでしょうが，大切なのはバランスです。アスリート自身は己の社会的な存在意義や可能性を自覚することが期待される一方で，社会はアスリートの挑戦に敬意を払い，アスリート自身を大切にすることが肝要です。アスリートファーストという概念は，私たちを代表して人間のアイデンティティを体現するアスリートをリスペクトすることを通じて，社会のセルフコンフィデンスを獲得するプロセスでもあるのです。

さらに，アスリートに関する課題として挙げられるのはセカンド・キャリアの問題です。アスリートが引退したとき，あるいはプロを目指していた若い選手がスポーツの世界から身を引くとき，次のステージに転身

することが難しいという現実があります。これは単なる個人の人生の問題だけでなく，社会的にも大きな損失です。スポーツを通じて養ったせっかくの能力を，そのことに気づきすらしないままに社会で活用し切れていない現状は，対談者の多くが課題として捉えています。大渕氏は，若手選手の引退後も見据えて葛藤しながら教育システムを構築しました。為末氏は現役時代からの「ブリッジ」の難しさを指摘します。山口氏もアスリート側にある甘えを指摘しつつ，次のキャリアを考えるための材料を若い選手に十分に与えてこなかったスポーツ界に疑問を投げかけています。こうした背景には，工藤氏や大渕氏が言うように1つのことに専念することを過度に美徳とする一筋主義の価値観が根強いからかもしれません。そして，いずれの対談者も，スポーツをしているときから広い視野をもって社会との関わりや交流を大切にすること，そうした環境をアスリートに与えることを訴えています。さらに東明氏は，具体的に三角形のパフォーマンスモデルを提示し，アスリートは三角形の土台である基礎メンタルの強さを活かして，その上にあるスキルと技術を足して，次のステージにスライドすればいいと言います。社会とアスリートの双方がアスリートの強みを再認識し，それを有効に活用することが肝要です。お互いの認識が今少し変わり向き合えば，東明氏が目指す社会とアスリートの融合が実現するのではないでしょうか。

　すなわち，社会がアスリートの資源性を理解し，それを大切に育成して活かす環境と方法を創造し，アスリートは引退後も社会に貢献できる可能性を確信しそれに誠実に取り組めば，お互いを高め合う好循環が生まれ，より豊かな社会が実現されていくでしょう。私たちはアスリートというレガシーの価値を最大化する新しい時代への転換点にいるのです。

▶ 3. スポーツ施設（スタジアム・アリーナ）【モノ】

　スポーツのレガシーとして最もイメージしやすいのは，スポーツ施設です。「OLYMPIC LEGACY」でもレガシーとして真っ先に挙げられているのがSporting venue（スポーツ会場）です。いくつかの好例も挙げられています。ストックホルム・オリンピックスタジアムは1912年に建築され，100年以上経った今でもさまざまなスポーツ大会の会場として利用されています。1994年のリレハンメル冬季オリンピック・パラリンピックの会場もその後公共目的でも利用され，スポーツだけでなくコンサートや文化的なイベントにも活用されています。2010年の冬季オリンピック・パラリンピックの開催都市であるバンクーバーは，スケート会場を新築しましたが，その後複数のスポーツに対応可能な施設に変換し，地域の健康施設としても活用されています。さらに広義で捉えると，スポーツ会場そのものだけでなく，周辺の交通機関や公園等も含めた都市づくりもレガシーであり，メガスポーツイベントであればあるほどそのスケールは大きくなります。

　2020年の開催都市の東京では新国立競技場に関して議論が起こりました。レガシーを強く意識した設計でしたが，当初想定していた金額を大幅に上回る建築コストが必要であることがわかり，見直しを迫られたことは記憶に新しいことでしょう。スポーツ施設の建築を単なる公共投資と見るのか，もっと広義のレガシーの構築と捉えるのか，私たちの社会のなかで共通認識が十分にないままに議論が進み紛糾しました。

　今後スポーツ施設をレガシーとして語るとき，次の2つの観点を交えて議論することが求められます。1つ目は，スポーツ施設そのものをコストセンターとみなす発想から脱却し，さまざまな利用価値を持つプロフィットセンターとなることを考えることです。従来スポーツ施設は地

方自治体が公共施設として保有し運営することが通常でした。そのため，総じて利用頻度や利用価値が高かったとは言いがたく，大河氏と黒石氏は自治体の現状とこれからの施設運営のあり方について意見を交換しており，民間への移譲によるイノベーションの促進など新しい運営方法を提案しています。スポーツ施設の運営には，たとえばそこをホームスタジアムとするチームとの一体経営や多様なイベントの開催など，さまざまなノウハウが必要です。そのためには，官民の新しい協働関係が必要になります。

　2つ目は，スポーツ施設を核とした地域の活性化など街づくりの一部となることです。大河氏と黒石氏はスタジアムやアリーナを集客装置とした場合の周辺への経済効果について言及しています。また，スポーツ施設だけでなく所属チームも，その地域社会にとっての公共財であると考え，地域の誇りという精神的な貢献もなすことができることを紹介しています。スポーツ施設を地域への貢献に有効活用するためには，スポーツ施設の周辺を含めた総合的・戦略的な視点から考える必要があり，多くの利害関係者も関わってくるためその実現は容易ではありません。そのため，長期的，かつ明確なビジョンをもって取り組む必要があります。その際には黒石氏も期待するように，特に自治体のリーダーシップが大きな役割を果たすでしょう。また，スポーツ施設の建築や整備には多額の資金が必要です。そのため，その金額に見合う効果を生み出せるかどうか事前に多角的な検討が求められます。そして，その効果には上述のように金額では測れないものも含まれることを忘れてはなりません。スポーツ施設そのものは有形ですが，無形のレガシーを生み出す装置でもあるのです。だからこそ，その価値を最大化するために，事前の十分な協議とビジョンの作成・共有が肝要になるといえるでしょう。

　大河氏も対談で触れていましたが，政府は平成29年6月に「未来投資

戦略2017」を公開し，そのなかで「スポーツを核として，音楽イベントや健康づくりなど，にぎわいやコミュニティ創出の拠点で，経済活性化の起爆剤となるスタジアム・アリーナを，2025年までに新たに20拠点実現する」としています。こうした動向も踏まえて，スタジアム・アリーナ構想は今後ますます注目を集めるでしょう。これらのスポーツ施設を有形・無形のレガシーとできるかどうか，私たちは正しい見識に基づいて判断しなければなりまません。

　スポーツ施設については，本シリーズの第2弾『最新スポーツビジネスの基礎』の第Ⅲ部「ビジネス別の論点」のうち「9．スポーツ施設建設・スタジアム経営」や，第Ⅳ部「スポーツビジネスのこれから」のうち「13．スポーツビジネスの創出」などに詳細を解説していますので，ご興味のある方はご一読いただくことを推奨します。

▶ 4．スポーツビジネス【カネ】

　スポーツのレガシーには経済に与える影響も含まれます。スポーツイベントが一度開催されると，その経済効果は直接的なものだけでなく間接的なものを含めて想像以上に大きなものとなります。こうした価値の再認識とともに，今やスポーツ産業はわが国の成長産業の1つに掲げられ，行政による改革も進められています。スポーツビジネスについては，すでに本シリーズの第2弾『最新スポーツビジネスの基礎』で広範囲にわたって解説しています。スポーツとテクノロジー，スポーツツーリズム，サービス・ドミナント・ロジック，スポーツマネジメント人材等，未来に向けたスポーツビジネスの動向が盛り込まれています。本書では重複を避けるために詳細な解説は割愛しますが，一方で今回の対談で興味深いのは，プロリーグの運営主体である大河氏がアクティベーション

を強調していた点です。そこで，以下ではスポーツのレガシーとしての価値の最大化の観点から，アクティベーションについて取り上げたいと思います。

　本シリーズ第2弾『最新スポーツビジネスの基礎』でも触れましたが，単純に「スポーツ」と「カネ」という言葉を並べると，拒絶感を持つ読者の方も多いと思われます。純粋なスポーツの世界に世俗的なカネが多額に流れ込むと，スポーツの持つ高い精神性が損なわれるのではないかという直観的な懸念が生じるのは自然のことです。実際，スポーツの歴史においてお金にまつわる不祥事があるのも事実です。こうした課題には引き続き粘り強い取り組みが必要です。しかし，それだけを強調してスポーツビジネスの可能性を抑制してしまうのは社会的な機会損失といえます。すでに世界はスポーツ界と産業界が調和し，お互いの成長と発展の道を進んでいます。その成功の1つの軸となっているのが，スポーツのアクティベーションであり，その健全な発展です。

　アクティベーションは，大会やイベントのスポンサー企業がその有する権利をいかに有効に活用するかというマーケティングの用語ですが，今では出資する側の企業だけではなく，出資を受けて権利を提供する側も高い意識を持って取り組んでいます。かつては，スポンサー企業がその支出に期待するのは，商品や企業の認知度の向上であって，たとえば大会会場の立て看板への掲載がその役割を果たします。その際には，露出度に応じて出資額を分けるなどの工夫で十分でした。しかし，今や大河氏が意識されているように，出資を受ける側も受け取る出資に対して最大限のアクティビティを追求し，さらには出資企業のビジネス課題をともに考え，解決の糸口を見つけることに取り組みます。そこには出資する側とされる側の協働の姿勢があります。

　出資側はスポンサー契約によって得られる権利をビジネスにおけるソ

リューションの手段と考えることもありますし，企業や商品のブランディングの意図もあります。そこで重要となるのが価値観や理念の共有です。出資をする側も受ける側もスポンサー契約をするに当たっては，お互いに親和性があるか，価値観やビジョンを共有できるかという点を重視します。それによって，その後の協働の成果が変わります。

今世界で最も人気のあるプロサッカークラブの1つである，スペインのFCバルセロナのスポンサー選びは，価値観と理念が基準に行われます。FCバルセロナは，設立から100年以上経過しましたが，地域の複雑な歴史の背景もあってサッカークラブを超越した存在としてカタルーニャ地方の人々を支え，今日では世界中のファンの生活に喜びと楽しさを提供し，世界をより豊かで潤いのあるものに変えてきました。そして，そのモットーは，「More than a club」です。選手，会員，ファン，そして社会に貢献することを目的にするからこそ，スポンサー選びもその価値観を共有し，協働できると考えられる企業を慎重に選択しています。そしてスポンサーに対しては，クラブが持つ世界中のファンをベースに，提供できる価値を真剣に検討します。このように，単なるサッカークラブには収まらないビジョンを有し，その価値観を共有できるスポンサーと協働することで，双方の価値を最大化させる姿勢を徹底しているのです。だからこそ，今日のチームの繁栄につながっているといえるでしょう。

このように，おカネを出す側と受ける側がお互いの価値観を共有するというプロセスを経ることで，双方の価値を最大化するための協働関係が生まれます。その結果，おカネを出す側もスポーツの価値への理解を深め，それに反する行為を適切に識別して避けることができます。したがって，上述したおカネの存在がスポーツを害してしまうという懸念は緩和されることになります。この考え方はスポーツと社会のお互いの発展について示唆に富んでいます。つまり，お互いの価値を認め合い，ビ

ジョンを共有し，価値を最大化するプロセスが社会全体で行われれば，スポーツはビジネスという領域だけでなく，もっと幅広く社会全体とより良い関係を築き，自らも発展するとともに社会により大きな貢献を果たすことになります。スポーツとビジネスという両輪が連動して私たちの生活を豊かにするというスポーツの経済的なレガシーを，これからどれだけ甘受できるかは，私たちの意識と取り組み次第だといえるでしょう。

▶ 5．その他のスポーツのレガシー

上記の他にもスポーツのレガシーは多方面にあります。ここでは，東京オリンピック・パラリンピック競技大会組織委員会が2017年7月に発表した「東京2020　アクション＆レガシープラン2017」を参考に説明します。ここでは5本の柱とするコンセプト・方向性があります（図表3-3）。それぞれに専門委員会を設け，アクション等の検討が進められています。

①スポーツ・健康　　　　　　　：アスリート委員会
②街づくり・持続可能性　　　　：街づくり・持続可能性委員会
③文化・教育　　　　　　　　　：文化・教育委員会
④経済・テクノロジー　　　　　：経済・テクノロジー委員会
⑤復興・オールジャパン・世界への発信：メディア委員会

これらには，本書ではあまり言及してきませんでしたが，スポーツのレガシーとして，心身の健康促進，地域や社会の一体感の醸成，国際交流・協力の促進，環境問題・人権・労働慣行等へのソリューション，セキュリティ，インフラなど，幅広い分野について今後の方針が具体的に

1 スポーツのレガシー

図表3-3 スポーツのレガシーの5つの柱

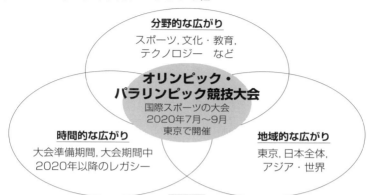

出所：公益財団法人 東京オリンピック・パラリンピック競技大会組織委員会「東京2020 アクション＆レガシープラン2017」（2017年7月）より抜粋。

記載されています。

　また，こうしたスポーツの社会的な広がりを受けて，その存在の重要性が増すのがスポーツ団体です。大小さまざまな各種のスポーツ団体がありますが，スポーツ団体がそれぞれの領域で効果的に機能するとともに，健全な運営が行うことができるかということは，今後のスポーツの発展には重要な基盤となります。この点は本シリーズ第1弾の『スポーツ団体のマネジメント入門』で詳細に解説していますので，ご興味のある読者は本書と併せてご一読いただくことを推奨します。

2
豊かなスポーツ文化のための5つの視点

　これまで本書が考察してきたことはスポーツの一面にすぎません。今後もさまざまな場面で議論が行われ，スポーツと私たちのより良い関係がますます築かれていくことでしょう。そこで，この先の議論がより建設的なものになるように，改めて以下の5つを強調しておきたいと思います。

- スポーツは私たちの貴重な社会的資源である
- スポーツのパワーの起源はその純粋さである
- アスリートに敬意を持つ
- スポーツは個性的なものである
- スポーツのカルチャーをコミュニティに根づかせる

　スポーツがルールという共通認識があるからこそ豊かなコミュニケーションが生まれるように，この5つの視点が社会の共通認識となれば，今後の議論の土台になることでしょう。そして，その先にはわが国のスポーツ文化とも呼べる共通の価値観が待っています。
　第1に，スポーツは私たちの貴重な社会的資源であるということです。そして，社会全体で大切に育てるという意識を持つことです。スポーツはこれまで私たちが考えていた以上に，私たちの社会を豊かにできる可能性を持っています。その可能性を大切に育てるマインドを共有したと

き，私たちの社会の成長スピードは上がるはずです。

　第2に，私たちはスポーツのパワーの源はその純粋さであるということです。誤解を恐れずに言えば，それを再確認することは「スポーツは素晴らしい」という単純な精神論ではなく，私たちにとって貴重な社会的資源であるスポーツの価値を最大化させ，もたらす豊かさを私たちが甘受するために重要なことだからです。時に「スポーツは結果がすべて」「プロだから勝つことが仕事」「ルールの範囲内ならば何をしてもいい」「審判にわからなければいい」などの言葉を聞くことがありますが，こうした発想が行きすぎればスポーツの純粋さを害し，スポーツの可能性に悪影響を及ぼしかねません。なぜ私たちはルールを守り，時にルールにもないことを大切にするのか，その1つの答えがここにあります。

　第3に，アスリートへの敬意です。アスリートは人間の純粋な姿を追求し，表現します。私たちはその過程を応援し，成果をともに喜び，時に挫折や苦しさを共有することで，私たちの社会そのものを理解し，肯定し，誇りにします。いわばアスリートは私たちの社会を象徴する姿でもあるのです。また，スポーツを通じて身につけた資質やスキルはそれ自体が社会の貴重な資源でもあります。アスリートと私たちの間に貢献と敬意の意識の好循環が生まれたとき，私たちの社会は新しい豊かさを手に入れるのではないでしょうか。

　第4に，スポーツは個性的なものであるという認識を持つことです。スポーツは勝利するかしないかだけでその価値が決まるものではなく，誰にとっても身近で自由なものです。スポーツを通じて，どのように自分と他者と向き合い受け入れたのか，その過程は唯一のものはなく，人によって違うものでしょう。その1つひとつの過程そのものが豊かな人生につながるのではないでしょうか。スポーツをもっと自由に楽しむという意識が社会全体で醸成されたとき，私たちはもっと自由で豊かな生

活を楽しむことができるでしょう。

　第5に，スポーツのカルチャーはコミュニティに根づかせることでそのパワーを最大限に発揮するということです。上記の4つのことに限らず，社会全体でスポーツを大切に育てていくとき，自然とその社会の色が反映され，それぞれのスポーツのカルチャーができ上がっていくでしょう。それぞれのコミュニティの個性に合ったスポーツのカルチャーがあると思われます。識者の対談からも私たちは自然と私たちの色を出しながらスポーツと付き合っていたことがわかります。それは意識的なものであったかもしれません。無意識の行為が積み重なってそうそうなったのかもしれません。文化というものは一晩ででき上がるものではなく，長い時間をかけて少しずつ形づくられていくものです。わが国ではこれからも大小さまざまな規模でスポーツイベントが催されます。それらをきっかけに，スポーツのカルチャーがそれぞれのコミュニティに根づいたとしたら，それが最大のスポーツのレガシーなのかもしれません。

第IV部

スポーツ・インテグリティを考える

スポーツ・コンプライアンス評価指標の開発

　平成30年3月に独立行政法人日本スポーツ振興センター（JSC）はスポーツ庁からの受託事業「スポーツ界のコンプライアンス強化事業におけるコンプライアンスに関する現況評価の実施」を受けて報告書（以下，「本報告書」）を作成しています。

　本報告書は，JSCハイパフォーマンスセンター　スポーツ・インテグレティ・ユニットが実施主体となって作成されたもので，スポーツ団体の倫理・コンプライアンスに関する国内外の先行事例についてまとめるとともに，国内の中央競技団体（National Federation。以下，「NF」）の倫理・コンプライアンスに関する規定等の整備状況を調査し，現況を確認したうえで，各スポーツ団体の活動状況（関係者の業務状況，組織環境等）を評価する指標（スポーツ・コンプライアンス評価指標）を開発することを目的としています。指標の開発に当たっては，諮問機関として，JSC職員3名と外部有識者4名から構成される「スポーツ・コンプライアンス委員会」が設置され，いくつかのNFをモデル団体として試行的な評価が実施されています。

　今回の座談会は，スポーツ・コンプライアンス委員会の委員長および外部有識者4名よって実施されました。座談会の内容を紹介する前に，本報告書で開発された指標の概要について解説しましょう。なお，こちらの報告書はWeb上で公表されていますので，詳細を知りたい方は是非アクセスしてみてください。

本報告書の最大の特徴は,「不正のトライアングル」の考え方を参考にしている点です。この理論はアメリカの犯罪学者クレッシー（Donald R. Cressey）により1940年代に提唱されたもので,不正を理解するうえで欠かせない理論です（図表4-1）。

　「機会」「動機」「正当化」の3つの要素が揃ったとき,不正が行われるリスクが高いことを示唆します。次のような例を考えてみましょう。ある組織は日頃から資金繰りに大変苦労しており,最低限と考えられる人員体制で運営されており,経理業務も1人で担当していました。その担当者がある支払を処理する際に,受け取った領収書の金額にゼロを書き足せば,その金額に基づいて助成金の申請ができることに気づきました。すなわち,領収書を捏造する「機会」に気づいたのです。そして,その

図表4-1　不正のトライアングル

要　素	内　容	状　況
機　会	不正な行為を行うことができるチャンスがあること	不正行為の実行を可能にする,又は容易にする客観的環境
動　機	不正行為を試みようと考える要因	不正行為を実行することを欲する主観的事情
正当化	不正行為を行うことに合理性を捻出すること	不正行為の実行を自らに納得させる主観的事情

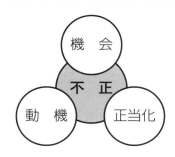

出所：新日本有限責任監査法人編『スポーツ団体のマネジメント入門—透明性のあるスポーツ団体を目指して—』（同文舘出版）より抜粋。

職員は組織の資金繰りに日々頭を悩ませており，少しでも多くの助成金をもらいたいと思っていました。すなわち「動機」があったのです。さらに，その職員は，私利私欲ではなく組織の維持と発展という大きな目的のためなのだからと考え，その行為を「正当化」してしまうかもしれません。こうして3つの要素が揃った結果，助成金の不正受給が起こってしまいます。

本報告書では，スポーツ団体を想定して3つの要素別に仮説を立てています（図表4-2）。

また，この3つの要素は連動しています。「機会」があれば潜在的な「動機」を呼び起こし，自らの行為を「正当化」します。「動機」があれば，「機会」を探し，「正当化」しようとします。「正当化」された（少な

図表4-2　スポーツ団体の不正行為を誘発する要因のイメージ

不正行為を誘発する3つのリスク	説　明	要因抽出（イメージ）
動機・プレッシャー	不正を実際に行う際の心理的なきっかけ	● パフォーマンスに伸び悩んでいた／思うように選手のパフォーマンスが伸ばせていなかった ● 一人で処理しきれない量の業務を抱えていた ● 発生した問題を相談できる相手がいなかった
機会	不正を行おうとすれば可能な環境が存在する状態	● 特定の人物に権限が集中していた ● 競技現場／事務局の一部の人間が属人的に判断・意思決定する状況があった
姿勢・正当化	不正を行おうとする者が自分の良心を働かせないためにする理由付け	● 急な案件でどうにか対応せざるを得ない状況だった ●「現場は特別」という雰囲気や土壌があった ●「大事の前の小事」という甘い認識があった ● 以前からの慣習や伝統に従うのが通例となっていた

出所：一般社団法人スポーツ・コンプライアンス教育振興機構（2018）「スポーツ界のコンプライアンス強化事業におけるコンプライアンスに関する現況評価の実施　報告書」（3月）より抜粋。

くとも本人はそう思い込むでしょう）理由があれば，「動機」が生まれ「機会」を探し求めます。したがって，不正のきっかけは，3つの要素のどこからでも生じ得るのです。

　ここで，少し異なる視点から見ると，「機会」は直面した状況において，組織構造や外部の関係者の行動など周囲の環境に左右され，自らでは操作することが難しい客観的なものといえます。一方で，「動機」や「正当化」は，不正を行う主体者が抱える事情や主体者の道徳，価値観によって変化する主観的なものです。一定水準以上の組織の体を成す一般の事業会社においては，不正を防止・発見する仕組みを比較的考えやすいのは「機会」に対するアプローチです。しかし，経営資源が限定されるスポーツ団体おいては事情が異なります。また，勝敗を競うスポーツの世界においてはプレッシャーはつき物です。そのため，本報告書では3要素のいずれかに重心を偏らせることなく，それぞれの要素について評価指標を設けることにしています（図表4-3）。

　また，評価に当たって設問の回答（3段階から5段階）を点数化してその平均点でリスクの程度を評価していますが（80点以上を「リスク：低」，80点未満から60点以上を「リスク：中」，60点未満を「リスク：高」），一部の設問についてはある回答のみを100点としてそれ以外をすべて0点とする考え方を導入し（座談会のなかでは「All-or-Nothing方式」と呼ばれています。），評価をより厳しいものとしています（100点を「リスク：低」，100点未満から80点以上を「リスク：中」，80点未満を「リスク：高」））。これは，特定の回答のみが受け入れられる内容の設問に対して採用されています。たとえば，図表4-4の3つ目がそれに当たります。また，それを可視化する際にも，アラートの役割を持たせるために，リスクの「低・中・高」を信号機の「緑・黄・赤」で表すなど，工夫が凝らされています（図表4-4，図表4-5）。

図表4-3 スポーツ・コンプライアンスのアンケートの例示

コンプライアンス違反の類型	不正のトライアングル（3要素）	No.	評価指標	評価指標の具体化（アンケートの質問項目の基本となる考え方）
事務処理上の過誤又は不正	○動機・プレッシャー	1	業務量の多寡	与えられている業務量についてどう感じているか。
			尺度	① 多い
				② やや多い
				③ 適量
				④ やや少ない
				⑤ 少ない
	○姿勢・正当化	2	事務処理に対する姿勢及び正当化の程度	NFでは規程等の行動規範よりも慣行が優先される場合が多いですか。
			尺度	① 多い
				② どちらかといえば多い
				③ どちらかといえば少ない
				④ 少ない
				⑤ 分からない
	○機会	3	規則違反を行うことができる機会及び行った事実の有無	理事や上司からの指示により法令に反していたり，文書で定められた事項（以下「規程等」という。）に反した事務処理等を行ったか。（複数回答可）
			尺度	① 法令にも規程等にも反した事務処理等を行った
				② 規程等のみに反した事務処理を行った
				③ 法令にも規程等にも反した事務処理は行っていない
				④ 規程等が定められていない
				⑤ 規程等を確認していない
	○姿勢・正当化	4	上位者等からの無理な要求についての状況や文化の有無及びその程度	理事や上司，競技現場から，規程等に照らして無理な事務処理の要求が許容される状況や文化があると思うか。
			尺度	① ある
				② どちらかといえばある
				③ どちらかといえばない
				④ ない
				⑤ 分からない
	○姿勢・正当化	5	規程等の理解度	服務規定や倫理規定を理解しているか。
			尺度	① よく理解している
				② 理解している
				③ 分からない
				④ 理解していない
				⑤ 規程がない

出所：一般社団法人スポーツ・コンプライアンス教育振興機構（2018）「スポーツ界のコンプライアンス強化事業におけるコンプライアンスに関する現況評価の実施　報告書」（3月）より抜粋。

図表4-4 スポーツ・コンプライアンス評価基準の例示

枠組み	設問		回答肢		評価点	評価方法	可視化方法
事務局業務	1	業務量	1	多い	0	平均点で評価する。100点満点が理想。	全体の度数分布を棒グラフで可視化。
			2	やや多い	50		
			3	適量	100		
			4	やや少ない	50		
			5	少ない	0		
	2	慣行の優先	1	多い	0	平均点で評価する。100点満点が理想。	全体の度数分布を棒グラフで可視化。
			2	どちらかといえば多い	33		
			3	どちらかといえば少ない	66		
			4	少ない	100		
			5	分からない	0		
	3	規程等に反した事務処理	1	法令にも規程等にも反した事務処理等を行った	0	平均点で評価する。100点満点が理想。	0点の内訳の比率を円グラフで可視化。
			2	規程等のみに反した事務処理を行った	0		
			3	法令にも規程等にも反した事務処理は行っていない	100		
			4	規程等が定められていない	0		
			5	規程等を認識していない	0		
	4	無理な事務処理要求が許容される状況・文化	1	ある	0	平均点で評価する。100点満点が理想。	全体の度数分布を棒グラフで可視化。
			2	どちらかといえばある	33		
			3	どちらかといえばない	66		
			4	ない	100		
			5	分からない	0		
	5	規程類の理解	1	よく理解している	100	平均点で評価する。100点満点が理想。	全体の度数分布を棒グラフで可視化。
			2	理解している	50		
			3	わからない	0		
			4	理解していない	0		
			5	規程がない	0		

出所：一般社団法人スポーツ・コンプライアンス教育振興機構（2018）「スポーツ界のコンプライアンス強化事業におけるコンプライアンスに関する現況評価の実施　報告書」（3月）より抜粋。

図表 4-5　スポーツ・コンプライアンス評価結果の例示

設問番号	枠組み	設問項目	平均点	現況リスク※
1	事務局業務	業務量	54.5 点	○○●
2		慣行の優先	60.3 点	○●○
3		規程等に反した事務処理	90.9 点	●○○
4		無理な事務処要求が許容される状況・文化	72.5 点	○●○
5		規程類の理解	45.5 点	○○●

※現況リスクの色分け　低：緑，中：黄，高：赤
出所：一般社団法人スポーツ・コンプライアンス教育振興機構（2018）「スポーツ界のコンプライアンス強化事業におけるコンプライアンスに関する現況評価の実施　報告書」（3月）より抜粋。

今後，この評価指標を用いたモニタリングを継続して行うことで，各スポーツ団体においてコンプライアンス違反が誘発され得る状況を明示化することが期待されています。

座談会
「スポーツ・インテグリティ」

左から,尾野恭史氏,友添秀則氏,和久貴洋氏,永井雅史氏,後藤英夫氏

―――― 座 談 者 ――――

和久貴洋氏
JSC ハイパフォーマンススポーツセンター
スポーツ・インテグリティ・ユニット長

友添秀則氏
早稲田大学スポーツ科学学術院　教授

尾野恭史氏
古賀総合法律事務所　弁護士

永井雅史氏
公益社団法人日本サッカー協会管理部　インテグリティ・オフィサー

後藤英夫氏(本座談会では司会進行役)
EY アドバイザリー・アンド・コンサルティング株式会社
リスクトランスフォーメーションドメイン シニアマネージャー

＊以下，敬称略。

1 インテグリティに関する課題認識と指標開発

後藤：それではまずプロジェクトの委員長である和久さんに今回のプロジェクトの背景にある課題認識を伺いたいと思います。

和久：そもそもの課題認識が2つあります。1つはすでにガバナンスやコンプライアンスにかかるガイドライン，ルール，体制は，諸外国と同様にすでに日本にもあるのですが，それらを整えたとしてもなかなかスポーツ・インテグリティに関する不祥事がなくならない。すなわち，インテグリティについてもっと現場に近いレベルで取り組む必要があるのではないかという課題認識です。

もう1つは何か問題が起こったときに，事後的に処罰が下るような対処療法的な取り組みだけではなくて，もっとプロアクティブに問題が起こらないようにしていくための取り組みが必要なのではないかという課題認識です。コンプライアンスやガバナンスに関することは，何かインシデントが発生したときには一時的に危機意識が高まりますが時間の経過とともにそれが薄れてしまいがちです。一時的な取り組みではなく，継続的に行われる仕掛けが必要だと思うのです。そのために，より現場に近いところで，より高頻度にリスクを識別できる指標を開発しようという発想に至りました。今回のプロジェクトによってこれまでにない一歩踏み込んだ指標を開発でき，今後さまざまなところで応用できる可能性があると考えています。

私は長年JSCで働いてきたなかで，このインテグリティにかかる問題は，現場の競技団体だけでも，国やわれわれのような機関だけでも解

和久貴洋氏

座談会
「スポーツ・インテグリティ」

決できない，両者が両輪になって一緒に取り組む必要があるものと常々思っていました。そこで，諸外国のわれわれと同様の組織を訪れ各国の状況を聞くと，ガイドラインや基準をつくって年に1回くらいはその遵守状況を評価する枠組みを持っているといいます。そこで，「それだけで十分と思っているか？」と問うと「No」と言います。彼らもまた競技団体に寄り添って日常的に支援していくことの必要性を認識しているようです。

　そもそもこのインテグリティについて世界的に重要課題として認識されているということを知ったのは，私が国立スポーツ科学センターにいたときですから，2010年よりも前のことです。いずれ日本でも同様の課題が起こるだろうと予想していましたが，そのとおりになりました。従前は学校の部活動に関わる問題が取り上げられることが多かったですが，ここ数年は中央スポーツ界でのさまざまな問題が表面化している点も興味深いところで，私の課題認識はますます強まっていると言えます。

友添：プロジェクトを通じて，和久さんがお持ちの危機感はわれわれにも伝わってきました。この時期にこの報告書ができて，スポーツ・インテグリティについての1つの評価方法を示したということは，日本のスポーツ界にとっては大きな意義があったと思います。なぜならば，今スポーツ団体の自立性と公的機関からのコントロールのかね合いが問われていますが，スポーツ団体が自己評価できる指標ができたと考えられるからです。各スポーツ団体はこれまで国の公的な資金によって支援を受けつつも，ガバナンスについて国の機関などからの強いコントロールや管理は受けずに自治に委ねられてきました。しかし，そんな牧歌的な時代は今終わろうとしています。

友添秀則氏

第Ⅳ部　スポーツ・インテグリティを考える

ここでスポーツにおいてインテグリティが意識されるようになった歴史を簡単に振り返ってみますと，元来近代スポーツの起源の多くはイギリスにあるわけですが，近代のイギリスの社会ではスポーツをするのは主に貴族やジェントリなどの上流階級でしたから，スポーツの世界で悪いことが行われるはずがないという暗黙の前提がありました。労働する必要がなかった上流階級の人たちにとって，スポーツは本当に人生の楽しみや喜びを見出すものでしたし，勝ち負けよりむしろ社交が大事でした。だからそこで友人関係を壊すようなアクションをとらなかったし，とる必要もなかったのです。

　ところが時が変わってスポーツが大衆化してくるなかで，スポーツの世界にいろいろな人たちが参入してくるようになってその前提が崩れていきました。特にドーピングの問題はインテグリティが意識される1番のきっかけだったのではないかと思います。1960年代から70年代にかけてとりわけ旧共産国でドーピングが頻繁に行われていたという事実が後からわかりましたが，具体的に世間がスポーツのなかでこんなことをやっていいのかと疑問を強く抱き始めたのは1980年代に入ってからです。

　スポーツが大衆化・ビジネス化して多額のお金が動くことになり，行きすぎた勝利至上主義，暴力やハラスメントの問題など，大小さまざまな倫理的に逸脱した問題が派生してきました。それらの多くは当初はアンダーグラウンドで起こってきたことでしたが，2000年くらいを境にして表に出て来るようになりました。スポーツは善人のものでスポーツをする人が悪いことを犯すことはないのだという世間が一種の信念として持っていたものを，スポーツ人自らが壊し始めたのです。世間とスポーツ界の常識のギャップが拡大してくるなかで，私たちはスポーツ界の人間としてこれは由々しき事態だという強烈な問題意識を共有してい

座談会
「スポーツ・インテグリティ」

尾野恭史氏

かなければならないと思っています。

尾野：コンプライアンスの点で言うと，私は，スポーツ界ではなく，主に一般の事業会社のコンプライアンスの問題に携わっていますが，スポーツのインテグリティに関する問題について私が最初に感じたのは，プレーヤーの「いい成績をとりたい」というスポーツの本質に関わるところで不祥事が頻繁に起きていて，それにどう対処するかという困難な問題に直面しているということです。一般の会社であれば従業員は毎日会社に通勤して仕事をして賃金をもらうというコアな活動があるわけですが，そのコアな活動領域については労働契約法ですとか労働基準法といった法的な枠組みが整備されています。大会社になれば内部統制の整備・運用が会社法上義務づけられていたり，上場会社であれば財務報告にかかる内部統制の整備・運用が金融商品取引法上義務づけられたりしています。そして，違反すれば民事上の責任を負ったり行政による処分を受けたりするわけです。つまり，コアな活動領域に法律が入り込んで，すでに法的な整備が進んでいるといえます。

それに対して，スポーツというのは，コアな活動領域に対してまだ法律の規制が及んでいません。友添先生がおっしゃるようにスポーツは善人のものであって聖域であり，スポーツ組織はその独立性や自立性が尊重されてきたため，なかなか法律がそのなかに入っていくような動きになっていませんでした。一般の社会において，コンプライアンスの概念が浸透するに至った経緯としては2つの変化を指摘することができると思います。第1の変化は，1990年代以降の，反社会的勢力の取締り，談合摘発，金融機関の破たんへの責任の追及といった，責任をとるべき人は法的に然るべき責任をとるべきだという社会の要請の変化が挙げら

れます。第2の変化は，インターネットやSNSの発達によって情報が世の中に迅速かつ広範にいきわたるようになり，さまざまな事象が衆目に厳しくさらされるようになったということです。このように一般社会においてコンプライアンス概念の浸透が進むなかで，友添先生のおっしゃる通りスポーツが大衆化し，スポーツが一般社会の一部として定着してきたため，いわば社会の一員たるスポーツも当然にコンプライアンスを遵守すべきというような社会的要請が生まれてきたと整理することができるのではないかと思います。そうであるがゆえに，今，スポーツの独立性とコンプライアンス遵守という難しいバランスの実現が求められてきているのだと思います。

永井：私はサッカー協会という競技団体の職員として普段現場にいる立場ですので，今回は現場を代表して参加させていただいたのだと思っています。今までも各種競技団体には，統轄団体からガバナンスについてのアンケートの依頼が度々きていましたが，どれも同じような内容です。たとえば，規程を整備しているか？懲罰に関する制度を運用実施しているか？教育は実施しているか？という内容がほとんどで，競技団体にとってそれらのアンケートに回答することで何かの成果が具体的に得られるということはなかったように思います。ですので，今回のプロジェクトを通じて現場感覚により近い指標の開発が行われたというのは今までになかったことだと思っています。

たとえば，事務局の心理的な要因に言及していたり，競技者のプレッシャーについて言及していたり，実際の現場の情景についての質問項目は今までになかったものです。また，その評価結果が緑，赤，黄色と信号の色で表現され，一目で危機意識を抱かせる仕かけになっているのも，今までにないものと思います。ただし，実際それを活かせるかどうかというのはNF次第です。われわれNFも公益財団法人であったり，公益

社団法人であったりしますので，法人法等の規制は受けているのですが，個人的にはそれさえも現場ではどれほど認識されているのだろうか？と感じてはいました。やはりスポーツの自治の理論というのは皆の認識の根っこのところにあるのだと思います。そうしたやり方に歪みが生じてきているにもかかわらず，今までそうやってきたのだからそれでいいのだという風潮はあると感じますし，今後スポーツに携わる者の意識を変えていかなければならないのではないかという問題意識を持っていました。

後藤：今回のプロジェクトの起動にはタイミング的な必然性があったということなのだと思います。つまり，スポーツの歴史の観点から見ても，スポーツが大衆化したということに伴って性善説を前提にした従来の自治はその限界の臨界点を超えてしまっていました。一方で一般社会の方でも，情報化社会によってこれまで閉ざされていたものが，公の場にさらされるようになりました。さらにはコンプライアンスの概念が単なる法令遵守から，リスクを事前に洗い出して予防対応をするというプロアクティブな行動にまで及ぶようになり，そのノウハウが開発・蓄積されてきていました。今そのナレッジをスポーツの世界にもトランスファーできる準備が整っているのです。スポーツの現場からも「このままではいかんだろう」という問題意識が高まっている今，私たちはスポーツの発展の歴史上の1つのターニングポイントにいるのではないかと思います。

2 スポーツ・インテグリティと不正のトライアングル

和久：これまでもスポーツ・インテグリティ強化の課題認識はあったわけ

ですが，それを解決するための方法論が思い浮かばなかったのです。しかし，今回異分野からさまざまなナレッジを拝借することでブレイクスルーすることができました。特に大きかったことが2つあります。それは第1にフレームワークの採用であり，第2に可視化の成功です。まず，尾野先生にJSC内で勉強会をしていただく機会があり，そこで不正のトライアングル理論を紹介していただいたのが，大きな第一歩でした。この古典理論がそのままスポーツにも応用展開できるだろうというアイディアが生まれ，実際にやってみるとフレームワークとして非常にうまく機能しました。機会，プレッシャー，正当化という3つの要因の実在の有無を，スポーツにかかる人たち，すなわち，アスリート，指導者，組織のマネジメントメンバーに相応しい質問に落とし込むことができれば，全員でリスクを観察できるわけです。不正のトライアングルの採用がなければ，今回の指標開発は進まなかったと思っています。

　次に，指標を用いたリスクの程度の可視化が課題になるわけですが，今度は指標を用いてリスクをどう定量化するかという問題を乗り越える必要がありました。そもそもリスクの存在に気づいてもらうこと，危機意識を持ってもらうことがなければ，解決に向かうことはありません。ですので，いかに伝わりやすい方法でリスクを可視化するかということは非常に大事だったのです。そこで，アンケートの回答を点数化するわけですが，統計学の知恵を借りて，All-or-Nothing方式で評価するなどの工夫を加えました。そして，最終的には信号機の色で表現することになったのです。

友添：私にとっても不正のトライアングルの3要素がインテグリティを脅かす重要な因子となるというお話を聞いたときは目からうろこでした。スポーツ界においてそのような発想はこれまでなかったからです。これをうまく活用すれば指標がつくれ，インテグリティを擁護するために達成

座談会
「スポーツ・インテグリティ」

すべき目標がはっきり見えてくるだろうと思いました。また結果の可視化についても，当初統計の正規分布的なデータが出てきたときには，たとえば 55％と 58％の差に何の意味があるのかと思いました。しかし重要な設問については All-or-Nothing 方式，言い換えれば正義か悪かで評価する，さらには信号機の色で表現して，自分たちの状況がすぐに確認できるようにすると聞いたときは大変驚きました。皆の良いアイディアを和久さんがうまくミックスさせて，予期しない偶然も重なりあって本当に良い指標ができたと思います。指標のベンチマーキングとしてオーストラリアやカナダ等の指標と比較確認しましたが，今回のそれは現時点では世界で最高水準の指標ではないかと思います。

後藤：私も経営コンサルタントとして不正のトライアングルのフレームワークは使っていますが，その汎用性を改めて認識しました。今回の指標開発は驚くべきシンプリケーションのプロセスであり，一種のイノベーションだと思います。下手すると泥沼にはまりかねない難しい課題に対して，シンプルさと有効さを両立させて対応できたと見ています。本報告書の新しい試みはスポーツの現場からはどのように捉えましたか？

永井：信号機の色による見やすさ，使いやすさは今までにないものです。私は不正のトライアングルには思うところがあります。スポーツ界においては一般の会社とは 3 つの要因の位置づけというか意味合いが異なるのではないかと思います。誤解を恐れずに申し上げますが，一般の会社での対応の場合には 3 つの要因のうち「機会」については，内部統制の仕組みを整備することで除去しやすいのだと思います。しかし，スポーツ界ではほとんどの NF は管理運営を 10 人未満で行っているような状況で，内部統制構造を構築し

永井雅史氏

て運用するマンパワーが揃っていないのです。そしてその状況をすぐに直すことはできません。

　つまり，スポーツ界の現状において「機会」の発生は実は防ぐことが困難なものなのです。競技団体の人員や資源が限られており，二重チェックや自動化などしたくてもできず特定の人による属人的な判断が行われる他ないという状況下において，オープン性，透明性を追求することは限界があります。さらに3つの要因のうち「プレッシャー」はスポーツの性質上避けることはできません。競技スポーツという勝負の世界にいる以上は常にプレッシャーがあります。そのプレッシャーはアスリートのパワーの源でもあり消せばいいというものでもありません。そうするとスポーツのなかでは「機会」や「プレッシャー」を取り除くというアプローチではなく「正当化ロジック」をなくすことが肝になるのではないでしょうか。すなわちスポーツに携わる人たちの教育がとても大切だと思うのです。高い倫理観が存在しない状況下，スポーツの場面において不正行為の誘惑に打ち勝つことは難しいでしょう。

友添：私もガバナンスやコンプライアンスというのがまず非常に重要であるという前提を置きつつ，ただし，それには限界があると考えています。そこで教育にスポットが当たるのです。スポーツ界においてインテグリティの問題と教育は表裏一体の関係にあると思っています。ハラスメントの問題も通常の環境から離れた遠征先等で発生しがちと思います。クローズドな状況は実際には頻繁に存在します。それをすべて見える化して「機会」や「プレッシャー」を失くすというアプローチには限界があるでしょう。だからこそ日本のスポーツ関係者は高い倫理性をよりしっかりと持たないといけません。そのための教育が必要だと思います。

和久：永井さんや友添さんのおっしゃったとおり，スポーツ界においては実は「正当化ロジック」を失くすという視点が重要で，そのためには倫

理観というまさに教育がかかる領域に焦点が当たります。しかしそれを承知したうえで，今回の指標開発では，不正のトライアングルの3つの要因についてあえてどれかに重きを置かないようにしました。「機会」や「プレッシャー」も個別ケースにおいては，なくせるもの，なくすべきものもあり得るからです。それはそれでやるという立場から，3つの要因に重要性の重みづけをせずに評価指標を設計し，リスクを可視化することを意図しました。まずスポーツ界が危機意識を持つことが今回のプロジェクトの目的であり，今後の改善の第1段階として位置づけられるからです。

　将来的には，1番の課題である日本のスポーツの構造問題まで考えなければいけません。たとえば，現状では，部活動は中体連（日本中学校体育連盟），高体連（全国高等学校体育連盟）に入り，中体連，高体連は日本スポーツ協会（JSPO）に加盟しています。一方，競技の普及と強化に取り組む中央競技団体は日本オリンピック委員会（JOC）とJSPOの加盟団体です。この複雑な階層構造のなかで末端の団体のリスクの観察・評価まで統轄団体が行わなければならないわけですが，現実問題としてはそれをやりきる体制や組織力があるか？という状況に直面します。このことを前提にしてインテグリティの問題をどう良い方向に進めていくかの道筋を見出さなければならないと考えています。

永井：サッカーの場合も日本サッカー協会の加盟団体として47都道府県別にサッカー協会があり，さらにその下部には市町村というように階層化されています。日本サッカー協会ではサッカーの現場での暴力・暴言を根絶するため，暴力等根絶相談窓口を設置しています。窓口にはかなりの件数の相談・通報が届くのですが，対応するにはいろいろな意味で限界があります。現実的にも都道府県の現場の状況を日本サッカー協会が隅々まで把握できるわけではありませんし，暴力行為の事実調査を行

うこともありますが，加害者側にそのような事実はないと言われれば警察ではないのでそれ以上強制的な調査もできません。インテグリティに関わる問題を隅々まで除去するのはかなり難しいというのが実感です。今回せっかく良い評価指標が設計できましたので，それを活用してモニタリングすることはいいと思います。その際には回答者を誰に設定するのかにも気をつけた方がいいかもしれません。たとえば，競技団体の事務局の現場だけやっている人は全部の質問に正しく答えられない場合があるでしょう。組織全体のコンプライアンス状況が継続的に見える化されるように回答者側の認識の網羅性を確保するというポイントも重要だと思います。

3 インテグリティという倫理の重要性

後藤：これまでの議論を通じて，学識的な観点からは何をお考えになりますか？

友添：いろいろな話を伺っていて今私の頭に浮かんだのは，夏目漱石が明治の文明開化において，当時の日本人が"マタサキ"の状況になっていると言っていたことです。文明開化は黒船来航を契機とした外圧的な動機づけによって進められ，制度化はどんどん進んでいくのですが，実は日本人として内発的な動機づけが追いついていない，すなわち自ら変わりたいという意識が湧いてきてはいないという状況に苦しんでいるという話です。簡単にいえば，頭ではわかっているが，気持ちや身体がついていかないという状態です。

　同じことが今のスポーツ界にもいえるような気がしています。さまざまな不祥事が起きていますが，それらに対処することで日本中のスポー

座談会
「スポーツ・インテグリティ」

ツ界の皆が不祥事を再発させないようにしようと言っているのです。ところがその声はすべてが内発的動機づけから発せられているのかというとそういうわけではなく，実はどうも外発的な動機づけから発せられているような気もするのです。たとえば，本当は今までと同じようにやっていたいのに，変わらないと補助金や強化費が切られるから変わらないといけないと必死になって取り組んでいるような状態です。SNSで公開されてしまうから，ニュースになって叩かれるから，そういう外圧的な動機づけで動いているのではないか，実はコンプライアンスだとかそういうインテグリティ教育は本当の意味で日本のなかで定着しているのかといったら，実は以前から何も変わってないのではないかと思わざるを得ないのです。

　やはり本当の意味で今の状況を危機と捉えて日本のスポーツ界が変わらなければならないという問題意識が共有されているのかということをもう1回見直さなければいけないと思うのです。それを見直す大きな1つのファクターとして今回開発された指標は，内発的動機づけに基づく問題意識の変化をも見える化するという意味を持つものとして位置づけられると思います。そして，それは教育的なプログラムとセットである必要があります。

和久：スポーツ倫理教育という課題へはいずれ直面しなければならないと思います。価値観というのは子供の頃からの経験が積み重なって自分なりのものが確立されていくわけですが，スポーツ活動に携わるなかでいろんな価値観を学んでその人の倫理観が形成されていきます。そこでどういう教育プログラムにするのかが非常に重要になります。

友添：子供のときの経験は教育に大きな影響を持ちます。つまり指導者が素晴らしい指導者だと，同一化現象が起こって，自分もああなりたいと思い成長します。ここで出会った指導者が勝利至上主義で利己的で勝つ

第Ⅳ部　スポーツ・インテグリティを考える

ためにはもう他人なんか蹴落としていいとなると，そういうアスリートになっていく可能性があります。他方，オープンマインドで公平でそしていつも肯定的に相互作用してくれてインタラクティブな指導者だと自分もそれにあこがれて同一化しようとします。そしてスポーツでの経験が日常生活に転移していくようになります。

　スポーツを通じた経験は非常に大きいものです。座学は知識の教育ですが，スポーツの世界はいわゆる世界観や人間観といったものを指導者から学んでいきます。だから指導者の教育は最優先事項ではないかと思うのです。

尾野：昨今マスコミで報道がなされているさまざまな不祥事に関連して倫理が空洞化しているのではないかという指摘を散見しますが，先ほどからの友添先生，和久さんのお話を聞いても，その問題に関係する人びとの意識改革が重要だとつくづく感じます。ただし，意識改革というのはそれ自体なかなか難しい。不祥事の最たるものとして刑事事件を挙げることができると思います。刑事事件で有罪になると，刑務所や少年院で再教育を徹底的に受けるわけですが，それでもなかなか再犯がなくなるものではありません。意識改革というのは一朝一夕で対応できるものではないのです。そこで，仕組みや制度作りから入っていくアプローチの併用も重要だろうと思います。たとえば，今回開発した指標を使った評価の仕組みが意識改革のきっかけとなって，教育というところにまでプラスの作用をもたらすかもしれませんし，夏目漱石の言う外圧的な動機づけではあるのですが，コンプライアンスが十分機能していることを公的資金の投入の条件にするといったアプローチを併用することで内発的動機付けを補完するかもしれません。要は教育と制度のバランスなのだと思います。

後藤：制度と教育の両面からの整備は，一般企業内にインテグリティを構

座談会
「スポーツ・インテグリティ」

築する際も同様です。職務分掌構造整備や内部監査の実施といった制度面の整備に加えて行う施策は、たとえばJAL再生のために京セラ創業者の稲盛さん（※稲盛和夫氏）が行ったJALフィロソフィーの設定です。これは、JAL社員たちによる経営のオートノミー、つまり具体的な手本となる倫理ストーリー共有による高度な自治状態への組織的遷移を実現することです。両面からの整備があって初めて新たなバランスへ移行できます。

友添：理念と仕組みというバランスの問題を言い換えるとスポーツの非日常と日常の問題といえるのかもしれません。スポーツの自治とルールによる管理のバランスの問題ともいえます。スポーツの語源はディスポートですよね。ポートというのは港で、昔の港は物資の集積地でしたので、物資の船からの荷下ろしや運搬など、多くの人が過重労働にあえぎ苦役を象徴する場所でした。その港から離れていって、海に出る。ここは非日常の世界で苦役から解放される自由な場所というわけです。つまり日常の法律だとか、日常の決まりだとか、日常の規範が及ばない非日常の場所で、こういった語源から見れば、スポーツは自由で夢中になれる遊びがスポーツの世界の鉄則にあるわけです。人間にとって、スポーツは日常のことに煩わされない、日常から拘束を受けない、そういうところに実はスポーツの本質があるわけです。

ところが、そこに日常の規範が入ってきて法律やルール、ガバナンスといったことが浸透していくことが本当にスポーツの世界にとって幸せかということも考えなければならないと思うのです。実は法の規制も強制も処罰もサンクションもなかったとしても、かつてのスポーツならスポーツマンシップやフェアプレイの精神でやれたのかもしれません。しかし現在のスポーツは実はとても複雑な環境にあってたとえばコートのなかだけでは完結していなくて、観客がスタジアムに広がっていて、テ

第Ⅳ部　スポーツ・インテグリティを考える

レビやネットの視聴者がいて，スポンサーがいて，そういうときに，昔みたいに対面式（フェーストゥーフェース）のスポーツマンシップとかフェアプレイの精神ではやっぱり立ち行かないというのも事実なのです。だからこの法的な規制とスポーツ界の自治の折り合いをどこに着地させていくのか，どこで折り合わせるのかという境界ラインをうまくマネジメントしていかないと，スポーツの魅力を失っていってしまう可能性があります。スポーツが規則や管理ばかりで日常と何も変わらないとなってしまったら，大好きなスポーツの自殺行為に等しいのではないかと思います。非日常のスポーツに日常の規範をどう折り合いをつけて取り込むか，その折り合いのセットのところであるべきインテグリティがスポーツ界のなかから生まれてくるのではないかと期待したいですし，感覚的な話になりますが，それを私たちが自主的に自律的に内面化する行為を行うことで，うまいイメージが出てくるのではないかと思っています。

和久：まず現実を客観的に認める仕かけが必要だと思います。これだけの危機的な状況やリスクがあることをみんながわかるための場あるいは仕かけを起点とする。そこの共通認識を持ち得たときにおそらく意識改革や教育プログラムが効果的に回るのだろうと思うのです。だからまず現実をしっかり見て，そこの認識を揃えないといけないということを本日改めて感じました。

4 スポーツの未来に向けて

後藤：それでは最後に，本日の議論も踏まえて，皆さんの思い描くスポーツの理想像ないし長期的なビジョンをお聞かせください。

和久：世界から「健全なスポーツは日本にある」と言われることが私のビ

座談会
「スポーツ・インテグリティ」

ジョンです。日本にはそのポテンシャルがあると信じています。危機的な状況のときほどわかるように、日本人の根っこには高い倫理観や道徳観があると思います。スポーツ界がそこに改めて気づけばインテグリティがマイナスの方向ではなく、スポーツの価値を高める方向に向かっていくことができると思って

後藤英夫氏

います。そうなったとき、世界中が日本のスポーツを模範にするようになるはずです。

後藤：それが和久さんの今回の評価指標構築プロジェクトの目的でもある「リスクを見える化して気づかせる（ことが大事だ）」というところにつながるわけですね。気づきさえすれば規律をもって正すという、文化的特性を日本人はどうやらもともと持っているだろうということですね。それで世界に先駆けて日本で望ましいスポーツのあるべき姿が実現されれば、諸外国の人たちは、それを参考にし、彼らに足らなくて日本のシステムにあるものを取り入れるようになったら素晴らしいことです。

尾野：近い将来、急激な人口減少社会となり、スポーツの果たす役割がどのように変わっていくのかわかりませんが、日本人には、人と人との接し方、それから地域との関わり方において思いやりや寄り添いを大切にする素地があると思います。そういった素地をスポーツのなかに、歪むことなくうまく組み込むことができれば、本当に世界にも誇れるようなスポーツ界のあるべき姿が実現するのだと思います。

友添：かつての右肩上がりの経済成長を前提にした制度が限界にきているように、旧来のスポーツのシステムももうおそらく限界に近づいています。その頂点がたぶん2020年ではないかと思うのです。人口が減ってくるとスポーツの関わり方も変わってこざるをえないと思います。それ

第Ⅳ部 スポーツ・インテグリティを考える

でもスポーツは人生を変えることが可能だし,社会の絆を結びあっていくことができます。たとえば,社会の安全性確保の問題をとっても,セキュリティを強化して,街灯を増やして,監視モニターを増やすことよりも,スポーツを通してみんなが顔馴染みの世界をつくった方がずっと安全な社会を築けます。そういう意味で,ソーシャルキャピタル・社会的資源としてスポーツが今まで以上に重要な役割を持ってくるでしょう。

永井：2018年のサッカーのロシアワールドカップでは,日本のサポーターがスタジアムのゴミ拾いをしたことや,敗退した日本代表チームが去った後のロッカールームがきれいに掃除されていたことを海外のメディアで素晴らしいと取り上げられていました。日本人はもともとそういう精神を持っていますので,それを伸ばしていくというか,キープしていければいいと思っています。指導者もそうですし,大人たちがこうした良い事例を示して,子供たちがそれを見てああいう人になりたいと思ってそれを社会生活に活かすようになれば素晴らしいことだと思います。そのためにも今は各NFで選手や子供が尊敬できるような素晴らしい指導者を育てていきたいと思います。

和久：今回のインテグリティ状況の評価指標開発プロジェクトは,あるべき姿の実現のための小さな,しかし革新的な第一歩だったと思います。外部委員の皆さまにも引き続きご協力をお願い致します。

後藤：本日は,プロジェクトの肝部分を振り返り,今後スポーツ界のインテグリティのあるべき姿を実現するうえで,乗り越えなければならない構造課題の輪郭を整理いただきました。ありがとうございました。

スポーツ・インテグリティの重要性

　座談会では，現在私たちが直面するスポーツ・インテグリティに関する諸問題をさまざまな見地から議論されています。スポーツに向き合う読者の皆さまにとって，共感や気づきの多い内容だったのではないでしょうか。

　経済界においてコンプライアンスという概念が浸透し，企業の意識と行動が変わるまでに，多くの議論と創意工夫を繰り返し，現在でも不断の努力が続けられています。そのスタートには，なぜコンプライアンスが重要なのかという議論があり，現状には問題があるという事実認識と，それを改善しなければならないという意識を社会全体が共有することから始まりました。それと同じことが今のスポーツ界で起きています。

　その背景には，これまではスポーツ団体等の自治に委ねられていたスポーツ界で生じ得る歪みを，情報化が進んだ社会が看過しなくなったことが挙げられます。また，友添氏が指摘したように，スポーツの大衆化・ビジネス化によって利害関係者も増えて従来の性善説に基づいたスポーツの自治が成立しなくなっています。スポーツ界は自治に委ねられていたがゆえに，いわば閉ざされた世界でもあります。そのため，その世界にだけ通用する価値観や慣習があり，それに基づいた管理や運営が行われていたというのが実状です。

　それに至る諸事情や合理性があったわけですが，尾野氏が指摘するように，一般社会の価値観や情報化社会の発展は行きすぎた閉鎖性がもた

らす歪みを許容しなくなっています。そのため，経済界がコンプライアンスの概念とともに内部統制が注目を集めたように，スポーツ界においてもスポーツ・インテグリティを確保するための仕組みや体制を整備することに関心が高まっています。

　ここで興味深いのは，不正のトライアングルにおける不正の3つの要因のうち，一般事業会社が構築した内部統制はどちらかといえば「機会」や「プレッシャー」の観点から防止策や早期発見の仕組みを考えてきたのに対して，スポーツ界は「正当化」により注目すべきという永井氏の指摘です。本報告書では，それを承知のうえで不正の3つの要因に重要性の重みづけをしていませんが，限られた人員で運営されているスポーツ界において「機会」を失くすために職務分掌を徹底することには現実的に限界があるという場面の声はよく聞かれます。

　また，外部の第三者の目を入れることも効果的と考えられ，今後そうした議論が今まで以上に積極的に進むと思われますが，運営資金が限られていることが多いスポーツ界の現実を鑑みるとやはり限界があるのが実状です。また，「プレッシャー」はスポーツにおける重要なファクターでもある以上，それをすべて取り除くことはできません。だとすると，安易に「正当化」を認めない土壌をつくることが重要だという考えは説得力を持ちます。その結果，後藤氏が言及したように，制度という目に見える仕組みを持つことに加えて，教育というアプローチがより重要となります。

　また，友添氏が指摘したようにスポーツ・インテグリティを考えるとき，スポーツの自治と管理のバランスの問題があります。これまで非日常として楽しんできたスポーツを，法律やルールなどの日常と同様の方法によって固く管理することは望まれていません。その一方で，今や大切な社会的資源であるスポーツを，各スポーツ団体やアスリート個人の

良心に任せるという時代は終わりつつあります。この点，私たちの社会にとって最適解を見つけるために試行錯誤が行われることになります。和久氏が言及したように，私たち日本人には根っこのところで倫理観や道徳観を重んじる国民性があります。スポーツ・インテグリティの問題についてもそれを効果的に活かし，誠実に取り組むことで，我が国はスポーツ・インテグリティについても世界の模範となれる可能性を秘めているのではないでしょうか。

さまざまな問題が散見されるスポーツ界の現状を見れば，残念ながら私たちはまだ世界に誇れるスポーツ・インテグリティを有しているとは言えません。しかし，今では多くの人が現状に対して問題意識を持つようになりました。その問題意識を共有し，解決に向けた議論をこれから進めていくことになります。そして，その改善の大きな第一歩はスポーツ・インテグリティという概念の浸透であり，その具現化です。

常に変化する社会に応じて最適なバランスを見つけることは，常にその試行錯誤と議論を続けることを意味しており，その作業には終わりはありません。しかし，それを続けた先により心の充足した豊かな社会があることを私たちは知っています。スポーツ界が新しい時代に相応しい形に変わろうとするターニングポイントにいる私たちの役割は重要ですが，スポーツ・インテグリティという概念が社会全体に根づき，これからの取り組みの礎となれば，多くの方が持つスポーツへの熱い想いは自ずとより正しいベクトルに向かうことでしょう。

あ と が き

　今やスポーツは私たちの社会に欠かせない重要なパーツになりました。昨今ではスタジアム・アリーナ改革の推進，運動部活動のあり方に関する総合的なガイドラインの公表，日本版 NCAA 設立に向けた動きなど，これからのスポーツのあり方そのものを左右する取り組みや施策が次々と打ち出されています。スポーツの可能性を追求し，豊かな社会の実現に向けてこれからますます議論も活発に行われていくことでしょう。

　その一方で，足元ではスポーツに関連する残念なニュースが連日報道されています。一連の出来事を受けて今年の 6 月にはスポーツ庁長官のメッセージが発表されました。以下はその冒頭メッセージです。

　問題の背景・要因については，勝利至上主義，行き過ぎた上意下達や集団主義，科学的合理性の軽視といった，日本のスポーツ界の悪しき体質・旧弊があるという厳しい指摘がなされています。
　スポーツは，個人の心身の健全な発達，健康・体力の保持等を目的とする活動であり，国際的な競技力の競争を通じて国民に誇り，夢と感動を与え，さらには，地域・経済の活性化，共生社会や健康長寿社会の実現，国際理解の促進など幅広く社会に貢献する営みです。また，学校体育は，心身の陶冶，人格形成に資する教育的な意義をもつものです。スポーツがこれらの意義・役割を果たしていく上では，スポーツに対する国民の皆様の積極的な理解と力強い支持が不可欠です。様々な問題事案は，スポーツの価値を損ね，その振興を図る前提を崩すものです。
　日本で開催される 2019 年のラグビーワールドカップ，2020 年の

> オリンピック・パラリンピックは間近に迫っています。今こそ改めて，スポーツ界全体を挙げ，旧弊を取り除き，スポーツ・インテグリティ（誠実性・健全性・高潔性）を高めていかなければなりません。

　これからのスポーツの発展の礎には，スポーツ・インテグリティの確保は欠かせません。スポーツ・インテグリティに関する問題は日本だけの問題ではなく，世界中でその向上を図る取り組みが行われています。わが国ではスポーツ・インテグリティという言葉や概念がまだ十分に社会に浸透しているとは言えませんが，スポーツに関する意識が社会全体で高まりを見せている今こそ，スポーツ・インテグリティについての議論を深める最良の時期なのかもしれません。本書では，トップアスリートや有識者の生の声を通じてスポーツの可能性を伝えるとともに，その発展の礎となるスポーツ・インテグリティの重要性について丁寧に考察を重ねました。本書を通じて，スポーツにさまざまな形で携わる多くの方がスポーツ・インテグリティを高めていく重要性を感じ，議論や考察を深めていただけますと幸甚です。

　本書は，2015年の『スポーツ団体のマネジメント入門―透明性のあるスポーツ団体を目指して―』，2016年の『最新スポーツ・ビジネスの基礎―スポーツ産業の健全な発展を目指して―』に続くシリーズ第3弾となります。その間，私たちが所属するEY Japanも組織を再編し，EYのグローバルネットワークとの連携の強化，提供するサービスの一体化・高度化を推し進めてまいりました。EYは，アシュアランス，アドバイザリー，税務およびトランザクションの分野のプロフェッショナル・ファームであり，世界の150以上の国と地域に約25万人のプロフェッショナルを擁し，"Building a better working world ～より良い社会の

あとがき

構築を目指して"を理念として掲げています。その理念のもとで,今後もスポーツの新興と社会の発展にさまざまな形で貢献していきたいと決意を新たにしています。

　最後に,本書の出版にご協力頂いた皆様に御礼を申し上げるとともに,本書が,日本のスポーツ界のさらなる発展に少しでも役立ち,日本のスポーツ界に素晴らしい未来が訪れることを願い,あとがきとさせていただきます。

EYアドバイザリー・アンド・コンサルティング株式会社　シニアパートナー
　　　EY新日本有限責任監査法人　マネージング・ディレクター
松村直季

〈著者紹介〉

【編集】
多田　雅之　　　（公認会計士　EY新日本有限責任監査法人
　　　　　　　　　シニアマネージャー）

【執筆】
青木　ユリシーズ　（EY新日本有限責任監査法人）
伊藤　美沙子　　（公認会計士　EY新日本有限責任監査法人）
上野　実樹　　　（EY新日本有限責任監査法人）
岡　　健介　　　（EY新日本有限責任監査法人）
柏原　雄　　　　（公認会計士　EY新日本有限責任監査法人）
木内　志香　　　（EY新日本有限責任監査法人）
京極　敏生　　　（EY新日本有限責任監査法人）
鷲見　毅司　　　（公認会計士　EY新日本有限責任監査法人）
齋藤　祐介　　　（公認会計士　EY新日本有限責任監査法人）
秦　　朗子　　　（EY新日本有限責任監査法人）

【執筆協力】
佐藤　峻一　　　（株式会社Sports SNACKS 代表取締役社長CEO）

EY | Assurance | Tax | Transactions | Advisory

EY 新日本有限責任監査法人について

EY 新日本有限責任監査法人は，EY の日本におけるメンバーファームであり，監査および保証業務を中心に，アドバイザリーサービスなどを提供しています。詳しくは，www.shinnihon.or.jp をご覧ください。

EY について

EY は，アシュアランス，税務，トランザクションおよびアドバイザリーなどの分野における世界的なリーダーです。私たちの深い洞察と高品質なサービスは，世界中の資本市場や経済活動に信頼をもたらします。私たちはさまざまなステークホルダーの期待に応えるチームを率いるリーダーを生み出していきます。そうすることで，構成員，クライアント，そして地域社会のために，より良い社会の構築に貢献します。

EY とは，アーンスト・アンド・ヤング・グローバル・リミテッドのグローバルネットワークであり，単体，もしくは複数のメンバーファームを指し，各メンバーファームは法的に独立した組織です。アーンスト・アンド・ヤング・グローバル・リミテッドは，英国の保証有限責任会社であり，顧客サービスは提供していません。詳しくは，ey.com をご覧ください。

本書は一般的な参考情報の提供のみを目的に作成されており，会計，税務およびその他の専門的なアドバイスを行うものではありません。EY 新日本有限責任監査法人および他の EY メンバーファームは，皆様が本書を利用したことにより被ったいかなる損害についても，一切の責任を負いません。具体的なアドバイスが必要な場合は，個別に専門家にご相談ください。

平成30年12月15日　初版発行　　略称：スポーツ・インテグリティ

スポーツの未来を考える③
スポーツの可能性とインテグリティ
―高潔なスポーツによる豊かな社会を目指して―

編　者　　EY新日本有限責任監査法人
発行者　　中　島　治　久

発行所　　同 文 舘 出 版 株 式 会 社
　　　　　東京都千代田区神田神保町1-41　〒101-0051
　　　　　営業（03）3294-1801　　編集（03）3294-1803
　　　　　振替 00100-8-42935　http://www.dobunkan.co.jp

© 2018 Ernst & Young ShinNihon LLC.
All Rights Reserved.
Printed in Japan 2018　　　　　　DTP：マーリンクレイン
　　　　　　　　　　　　　　　　印刷・製本：三美印刷

ISBN978-4-495-20881-3

JCOPY〈出版者著作権管理機構　委託出版物〉
本書の無断複製は著作権法上での例外を除き禁じられています。複製される場合は，そのつど事前に，出版者著作権管理機構（電話 03-3513-6969，FAX 03-3513-6979, e-mail: info@jcopy.or.jp）の許諾を得てください。

本書とともに

「スポーツの未来を考える」シリーズ
〈 好評発売中！〉

スポーツの未来を考える①
スポーツ団体のマネジメント入門
―透明性のあるスポーツ団体を目指して―

A5判　222頁
定価（本体 1,900 円+税）

スポーツの未来を考える②
最新スポーツビジネスの基礎
―スポーツ産業の健全な発展を目指して―

A5判　226頁
定価（本体 1,900 円+税）